本书属于国家社科基金重点项目"孝道的哲学基础和思想含义研究"(15AZX013)成果

家与孝
从中西间视野看

张祥龙

生活·讀書·新知 三联书店

Copyright © 2017 by SDX Joint Publishing Company.
All Rights Reserved.
本作品版权由生活·读书·新知三联书店所有。
未经许可,不得翻印。

图书在版编目(CIP)数据

家与孝:从中西间视野看/张祥龙著.—北京:
生活·读书·新知三联书店,2017.1 (2018.2 重印)
ISBN 978-7-108-05673-3

Ⅰ.①家… Ⅱ.①张… Ⅲ.①家庭文化-研究-中国
②孝-文化研究-中国 Ⅳ.① D669.1 ② B823.1

中国版本图书馆 CIP 数据核字(2016)第 064125 号

责任编辑	张静芳	
装帧设计	蔡立国 薛 宇	
责任校对	常高峰	
责任印制	卢 岳	
出版发行	生活·讀書·新知 三联书店	
	(北京市东城区美术馆东街 22 号 100010)	
网 址	www.sdxjpc.com	
经 销	新华书店	
制 作	北京金舵手世纪图文设计有限公司	
印 刷	河北鹏润印刷有限公司	
版 次	2017 年 1 月北京第 1 版	
	2018 年 2 月北京第 2 次印刷	
开 本	880 毫米 × 1092 毫米 1/32 印张 8.625	
字 数	157 千字	
印 数	06,001-10,000 册	
定 价	39.00 元	

(印装查询:01064002715;邮购查询:01084010542)

目 录

序 1

第一部分 从居间视野来看"亲亲"和"家"

第1章 "亚伯拉罕以子献祭"中的"亲亲"位置 3

第2章 海德格尔与儒家哲理视野中的"家" 17

第二部分 家-孝与人性

第3章 家庭和孝道是否与人性相关？ 55

第4章 孝道时间性与人类学 75

第三部分 孝和家如何才可能？

第5章 想象力与历时记忆 113

第6章 乱伦禁忌与孝道 139

第四部分　西方人遭遇的乱伦与孝道

第7章　乱伦与理想国　151

第8章　《哈利·波特》中的亲子关系与孝道　179

附　录

儒家会如何看待同性婚姻的合法化？　223

谁养老才合理？　247

亲子与儒家经典　253

本书所用文献　259

序

西方哲学史是一部没有家的历史，而追随西方哲学的现代中国哲学也就罕见家的踪影。西方哲学追究过本原、数、存在、理式、普遍/个体、形式/质料、知识/德性，到近现代，又关注主体/客体、感知/理智、逻辑/经验、心灵/物质、分析/综合、意义/对象、语言/实在、意向性、时间性、身体性等等，这些都与人对世界的感受、思考和生存体验有关，但却恰恰漏掉了与人最直接相关的那部分，也就是以"家"这个字为代表的那些最为亲密经验的哲理。

人首先是从父母的结合而得生命，在子宫中已有混蒙经验，从出生开始感受到外部世界，在父母和祖父母怀抱中学会直立行走和语言，在家人关爱和兄弟姐妹关系中生发出更成熟的情感、尺度感、关系感、道德感，学会各种技能。到他/她能离开父母时，性相已经成熟，意识已经敏锐，世界已经越来越丰富，哲学思考也触手可及了。他/她投入人间和世界，还是要建立家庭，自己育儿同时还报父母，最后在儿孙照顾下安度晚年。人此时环视一生，自觉上不负祖先，下不愧后代，于是生出死而无憾的终极意识，而无家之人要靠宗教才能勉强得到这种宁静。人类几乎所有最真挚、最强烈的感情和体验，都与家庭、亲人相关。一张3岁小男孩（艾兰）溺亡的照片之所以可以改变千万难民的命运，因为它以最可爱又悲惨的方式拨动了人们的父母良知、亲亲良能。

但西方哲学在两千多年里忽视这人生第一经验，而只去咀嚼从它的活体上切割下来的局部，美其名曰"逻辑在先"，比如人如何纯中性地感知外部现象，又如何使这些感知成为智性对象，人在自我意识中如何找到绝对的确定性，甚至（在最近几十年认知科学的哲学管家那里）为何所有意识功能都可还原为大脑的神经元联系；或将超个体的家族延续经验加以硬化，提出永恒的本原问题、实体问题。一直要到相当晚近的现象学思潮中，才出现了像海德格尔、列维纳斯这样开始关注到家问题的哲学家。他们开始意识到，家有一个整全活体的自身问题性、话语族和运思结构，不能只被当作一种社会对象，而是必须在"解释学生存论"或"他者"的视野中去直面看待，这才是朝向事情本身的纯直观经验，从中才能发现肢解之前的活泼泼的生活与世界的被给予方式。现象学还原首先要悬置掉的不是对存在者的执着，而是对存在经验的概念切分和贫乏化。实际上，人类最亲密的整全经验就是先天经验，或先后天还未被割裂的时中经验。

本书将接取西方哲学的现象学转向带来的哲理新意，特别是它那种从事哲学思考的活体化分析方法，或者说是西式望闻号脉、经络取穴的思想方法，但又不会限于它，因为这方法本身也并没有让即便海德格尔这样的深邃思想者最终进入有真实血脉的家庭和亲人，更不用说孝道了。中国古代的哲理是另一个永不枯竭的源头，它以阴阳互补对成而生生的方式来深思活的人生与世界，在《周易》的卦象变通时－间中直接进入对于天父地母和乾坤生六子的家化思索。儒家将这种思路发挥到天性直观化、孝悌伦理化又艺术时机化的哲理境界，成为中华文明的主流。本书作者长期以来身处这两者之间，承受相摩相荡的"他者"间张力，希望能用文字道出其中"感而遂通"的缘分于万一，为此也在努力构思和撰写，期待将来能够较完整地呈现给读者。

承蒙舒炜先生的提议，就先将这些年来关于家与孝的著述中，与西方哲学和文化有关又有中西比较之趣的文章，结成一集，以就教于方家，请益于众位读者。它们之中也有未发表过的，甚至不够成熟的，比如《乱伦禁忌与孝道》，就只是一大纲，由于需要这一思路环节而置于其中。乱伦禁忌与家的成立深刻相关，被学界认为是婚姻的制度来源，但它与亲子关系尤其是孝意识有什么关系呢？此章就试图探求之，并由此引出下一章对于西方古典哲学之王的相关评论。

为了形成一本有明确指向的书，我对收入的所有文章都做了再加工，以有所统合。由于主题比较集中，文章当初又是各自撰写的，所以势必有重复之处，削之而未能尽，还望读者容忍，或更同情些，就当作某种旋律的一再复现吧。

中国当代的研究作品中，有吾友笑思先生的《家哲学——西方人的盲点》于前些年问世，揭蔽开新，打破了家无哲学的局面，意义深远。我从与笑思的多年交流中受益良多，颇有些共识之处，比如都认为家乃人类生存、德性之源，西方模式有重大缺陷，但我们的研究方式、学术背景和关注要点也有不同，这当然是再正常不过的个体差异了。我受到西方影响的哲理方法主要是现象学，与维特根斯坦的分析哲学和库恩的科学哲学有思想感应，对于当代人类学、心理学甚至认知科学等也有兴趣，且对于孝道哲理有强烈关注。在我看来，对孝现象和孝意识的切当领会或许是理解家和人类独特性的一个关键，也是认识儒家及其未来的一个要害。至于具体的探讨路数，读者看过此书后自有感觉。

感谢三联朋友们的促动,不然就不会有此书。还要感谢山东大学哲社学院为我提供的宽松环境。我刚到该院谈研究计划时,就许诺要写一本关于孝道的著作。这本书,虽然篇幅不大,但毕竟是多年思考钻研的结果,自觉还是有些新意的。

张祥龙乙未秋书于塞外蜗居,
中秋时节改毕于山大兴隆山校区

第一部分

从居间视野来看"亲亲"和"家"

第1章

"亚伯拉罕以子献祭"中的"亲亲"位置
——从克尔凯郭尔《恐惧与颤栗》起头

亚伯拉罕服从耶和华——犹太教-基督教信仰的唯一至上神——的要求,将自己正妻生的唯一儿子以撒献燔祭,这个《旧约·创世记》22节的叙事表面上以神人关系为主,但深思之下,却能加深对于人类亲子关系及其中的生存时间性的哲理含义、宗教含义的理解,一种另类的理解。实际上,《新旧约全书》的关键处时常透露出亲子关系对于信仰和思想的构造力,不深入理解它,就不能算是活生生的神学。

以下将集中于亚伯拉罕献亲子祭之案例,它可能是耶和华神在亲子关系上击打出的最深沉惊人的锤音。这里要借重克尔凯郭尔《恐惧与颤栗》(1843)的开创性分析,它们的启发力量也是惊人的。在合适的地方,会触及《新旧约全书》中的几个亲子要点。

一　为什么要有这样一个献祭?

"这些事以后，神要试验亚伯拉罕，就呼叫他说：'亚伯拉罕！'他说：'我在这里。'"(《旧约·创世记》22：1)[1]

神为什么要"试验"亚伯拉罕？难道神还不了解他吗？亚伯拉罕这时已有一百多岁，从来都是服从神意的，经得住考验的，但神还需要这一次试验、测试或考验，不然就不放心。为什么？因为神对他的许诺极大、极长远？"从此以后，你的名不要叫亚伯兰，要叫亚伯拉罕，因为我已立你作多国的父。我必使你的后裔极其繁多，国度从你而立，君王从你而出。我要与你并你世世代代的后裔坚立我的约，作永远的约，是要作你和你后裔的神。"(《创世记》17：5～7)为了保证对方不负这永远的约，也为了亚当夏娃后代的堕落倾向（因此有洪水灭人、火焚所多玛），神需要这一次终极测试？或许是的，即便"全知全能"的神也不放心这种人，也不能当下辨知他们最深的倾向，尤其是在悠长时间中的可变倾向。

那么，献什么祭？"神说：'你带着你的儿子，就是你独生的儿子，你所爱的以撒，往摩利亚地去，在我所要

---

[1] 中文出自《圣经》和合本，中国基督教三自爱国运动委员会、中国基督教协会出版发行，2003年。
本书末尾有文献目录，以便读者随时查对随文注所涉及的文献信息。

指示你的山上,把他献为燔祭。'"(《创世记》22:2)为什么要献这种祭?因为它可怕得超出人的承受,最深地刺入人的深心骨髓,因而能够从中显示这人的真相?亚伯拉罕等待了七十年,在一百岁时盼到的嫡亲儿子,寄托着他世世代代的唯一期望,是他"所爱的"、最爱的以撒,却被神要求"献为燔祭",而且要亚伯拉罕自己动手!谁还能想出比这更痛苦、更可怕的要求?因此,它是终极的要求,起码对于我们这种人,这种活在世代时间中的,以此时间为人生意义源头的人而言,它是终极的。如果亚伯拉罕能够满足它,能够经受住这个"试验",那么不但他"享大寿数"(《创世记》15:15)的一生中绝不会背约,而且他的"世世代代的后裔"也多半不会违背这"永远的约"。一切的一切都系于亚伯拉罕能不能向年幼的以撒拔刀刺去,并将死去的以撒放上熊熊燃烧的柴堆。

但是,没有以撒,神怎能满足他对亚伯拉罕的许诺呢?没有这独子,如何"使你的后裔极其繁多"呢?再行神迹,让更衰老的撒拉再受孕吗?但亚伯拉罕和撒拉,作为人,能不能经受这次燔祭,在杀死"所爱的以撒"之后,还能受孕怀胎而生子?没错,神是万能的,但从这次试验的必要性也可以看出,神在人性根本处也要与时间感(人的知识源头)争斗,而以撒就是他父母的时间灵魂。而且,更重要的,如果亚伯拉罕相信神将以别的个体,而不是以撒来践约,那他在面对这试验时,就还有所依凭，有所斟酌；如果是这样，献以撒祭还会是个终极测试吗？因此，无论怎么讲来，以撒对于亚伯拉罕都是唯一的，神只能通过他践诺。而亚伯拉罕却要按神谕把他献祭。

按照克尔凯郭尔，亚伯拉罕要做的，不是一般的测试（Anfægtelse, temptation, trial），而是一个不容亚伯拉罕和我们猜想出其观念含义、因果关系含义的悖论，凭借它那超出一切中介的荒谬力量，亚伯拉罕才能成为"信仰的骑士"，神与人之间才能建立起超出伦理普遍性、悲剧性乃至"弃绝的无限性"的终极关系。

"我现在要做的是……显示一个悖论式的信仰（a paradox faith）是如何极度可怕或荒谬。它可以将一次谋杀做成一个让上帝喜悦的神圣之举，它将以撒又给回了亚伯拉罕。没有任何思想可以把握它，因为信仰只在思想退场处才登场。"（《恐惧与颤栗》，第82页）[1] 当然，克尔凯郭尔这里讲的"思想"，只是那些依据"普遍者"或观念、概念的思想，并不包括人类所有的理性思维；要不然，他本人要通过此书传达的，以及我们这里努力的，就都是泡影。

---

[1] Søren Kierkegaard: *Fear and Trembling—Dialectical Lyric by Johannes de Silentio*（《恐惧与颤栗——辩证的抒情诗》，署名作者：沉默的约翰尼斯），trans. Alastair Hannay, Middlesex, New York, etc.: Penguin Books, 1985. 此著作简称《恐惧与颤栗》。

本书所有外文文献的中译文，如果没有标明译者，则是由本书作者提供的。

但所有这些,无论是悖论式的信仰、荒谬,还是谋杀中的神圣,或神圣所要求的谋杀,它们的可理解性都围着一个轴心点旋转,那就是亚伯拉罕和以撒的关系。亲子关系对于我们这种人是如此根本、如此致命,致命到神只能用它来行终极试验。你能想象在众神或超人者那里来进行这种终极试验吗?比如对希腊诸神的、天使的、罗汉的祭子测试?你能想象至情恋人之间的试验,能以这种方式进行吗?比如神要求罗密欧将朱丽叶献燔祭,能测试出罗密欧的信仰纯粹性吗?那将会有各种解释的,包括很不纯粹的解释。只有在亲亲中,"极度可怕或荒谬"才不是一个干巴巴的悖论,才不会只是悲剧或喜剧,而有可能激发出极光般的激情或至情,"将一次谋杀做成一个让上帝喜悦的神圣之举"。

"可敬的父亲亚伯拉罕!人类的第二父亲!你首先看到并身证了那可怕的汹涌激情……你需要一百年在你垂暮时得到这个儿子,然后与所有预期相反,你必须在留下以撒之前对他拔出刀子。"(《恐惧与颤栗》,第56页)

二 此献祭的时间性(一):世代时间和活体时间

此次献祭不只是一次试验,因为它浸透在生存的时间之中,其中到处都有发生和不测的可能,并不是一个题目完全明确,只待现成答案的测试。

首先,这次献祭的上下文充溢着人类的生存时间视域。《旧约·创世记》的绝大部分是人类在世代时间中构成的"家谱",即便"创世",也有创造万物与人的"天父"之影。"神就照着自己的形象造人,乃是照着他的形象造男造女。神就赐福给他们,又对他们说:'要生养众多,遍满地面,治理这地;……"(《创世记》1:27~28)当然,神不是真实的人类之父,不仅因为他没有妻子,没有通过她来产生人,而且因为他在一天内就造好了人,没有怀胎十月,所造的人也似乎没有婴儿期和童年期(逐出伊甸园后的情况另说)。但无论如何,神所创之"世",除了"世界"之外,也有或更有"世代"之意。而亚伯拉罕与神的关系更始终贯穿着对"世世代代的后裔"的许诺和期待,以撒是其中关键的一代。

其次,亚伯拉罕的一生就是与那阴险的造幻时间的争斗,以便从中赢得充满血亲爱意的家族时间:"他一直在与那发明或虚构出一切的微妙力量,也就是时间本身相斗。这时间是一个永不打瞌睡的醒觉对手,一位比万物都长寿的老者。"(《恐惧与颤栗》,第52页)要通过神的试验,就必须杀死家族时间的唯一凭据——以撒,导致亚伯拉罕的时间之争完全失败,"如果以撒被献祭,那还有什么意义留在其中!"(《恐惧与颤栗》,第53页)但亚伯拉罕在那一刻毫不犹豫地做了让自己一生完全失败的事情:"亚伯拉罕在那里筑坛,把柴摆好,捆绑他的儿子以撒,放在坛的柴上。亚伯拉罕就伸手拿刀,要杀他的儿子。"(《创世记》22:9~10)就在"要杀他的儿子"时刻,他赢了或赢得了时间:"你不可在这童子身上下手,一点不可害他。现在我知道你是敬畏神的了,因为你没有将你的儿子,就是你独生的儿子,留下不给我。……论福,我必赐大福给你;论子孙,我必叫你的子孙多起来,如同天上的星,海边的沙。"(《创世记》22:12~18)

人们很容易就说:亚伯拉罕靠信仰赢得了神许诺的世代时间。这话一点不错,但问题是:什么样的信仰,才能够赢得而不是超越时间呢?极少有人能追问,而理解这献祭的内在时间性,关键就在这里边。他是因为相信神会以某种方式"托着你"(《新约·马太福音》3:6)而拔刀的吗?或是因为遵循伦理普遍原则和悲剧英雄的勇气、公心而献祭的吗?或者是由于"无限的弃绝"、对一切现存者的放弃而不留下儿子的吗?或因为他是一个偏执的信仰狂、硬心肠,听了神谕就浑头浑脑地去杀儿子的吗?不是的,这些都不是那能赢得时间的信仰。克尔凯郭尔讨论的着力点全在这里。

通过展示这献祭的时间历程,他将它与其他献祭区别开来。其他献祭似乎只是一个"下定决心"或"做出决断"的过程,可以在一瞬间完成。而且,一旦做出决断,就只剩下一个直线的执行过程了,其中再无重大曲折。"他们赞美上帝的慈悲,将以撒又给回亚伯拉罕,整个事情只是一次试验。对这个试验，可以说多，也可以说少，但说的同时，整个事情就被一下子做成了。人们骑上飞马，同一瞬间就在摩利亚地的山上，同时看见了那［用来代替以撒的］公羊。人们忘记了，亚伯拉罕是骑在一头毛驴上，它只能慢慢悠悠地走，他须要三天的旅程，他还需要时间劈柴、绑以撒、磨快刀子。"（《恐惧与颤栗》，第80页）一瞬与三天，区别何在？区别在于，观念化、普遍化可在一瞬中完成；或者，阿伽门农一点头，其他人就替他去完成献祭女儿的悲情壮举了。而我们的亚伯拉罕，可怜而又伟大得让人目眩的亚伯拉罕，被要求自己前往去亲手献亲子祭。这三天的每一瞬间都是考验，都可能有变（《恐惧与颤栗》，第61页），每一步都在"做无限的动作"（《恐惧与颤栗》，第69页），都可能让各种"过"或"不及"的错误发生（《恐惧与颤栗》，第58～59页，第74～75页）。因此，"一瞬"只是当下现在，通过它达成的只是现在的平板序列化和永恒化；而"三天"则是充满了回忆（比如回忆自己和撒拉的人生、以撒的出生……）、展望（比如神的应许、它的即将幻灭……）和观察（比如观看以撒的天真可爱、勾起联想的沿途物象……）的鲜活的、让人绝望发疯又充满各种改变可能的原时间。

"他［作者即克氏本人］越活得久，就越多地思考这个［亚伯拉罕的］故事；他的热情与日俱增，却越来越不能理解它。最后，他别无他虑，一门心思只渴望在实际情境中观看亚伯拉罕，目睹发生的那些事情。……他最向往的就是去伴随他们三天的旅程，悲痛的亚伯拉罕行在他前面，以撒行在他身边。当亚伯拉罕抬眼看见远处摩利亚地那座山的时刻，当亚伯拉罕留下毛驴，同以撒上山的时刻，他要身处当场之中。占据他心灵的不是想象的精致编织，而是思想的震颤。"(《恐惧与颤栗》，第44页）所以，《恐惧与颤栗》的绪言就四次随亚伯拉罕一行，从出发的清晨到三天的路程，再到上山、捆绑、拔刀……甚至事后的回家（《恐惧与颤栗》，第45～48页）。在这些与之共行的、从不同角度实现的体验中，我们开始理解这件事的反常之处、可怕之处、与一切道德原则的无公度之处。由此我们也知道了现象学的难处和妙处：与原初经验同行而思，在思考体验时与正体验者共鸣并颤。不震颤起来、不让外人眩晕的思想，就不是入时成境的真思想，而只是再生想象和概念的构造。真思与被思是亲子关系，在这里才有对于悖论和活体时间的理解可能。

三 此献祭的时间性（二）：绝望的、悖论指示的原时间

亚伯拉罕信仰的时间性，由这信仰的悖论性揭示。这悖论本身就是现象学的还原和先验的还原，势必暴露出那在一切有意行为之先的纯信仰。而这悖论只能在最

荒谬、最绝望又最激情的亲子关系中形成。

亚伯拉罕将亲生儿子献祭,它与悲剧英雄为团体、民族的共同利益而献亲子祭不同,因为它与公共利益、道德命令和任何普遍原则无关,是纯"私人"、纯"个别"的行为。悲剧英雄的献祭让观者流泪,而亚伯拉罕献祭引不出眼泪(《恐惧与颤栗》,第89页)。悲剧英雄为了某个确定者而弃绝了另一个确定者,而亚伯拉罕行为的意义却悬在空中而无法设想(同上页)。实际上,亚伯拉罕不能为了任何什么——伦理目的论的完全中止——而献这个祭,不然就达不到这个献祭的赤裸性和至诚性。一切境外的解释到此为止,无话可说。为此,他必须与被献祭者有最根本的联系,对被献祭者有着最炽热深沉的、胜过他自己生命价值的、除了纯时间本身之外无任何目的的爱,而且,这最宝贵者(以撒)又必须不为了什么(神的要求只是此献祭的开端,而不构成实在的目的因)而被杀死献祭。荒谬至极!眩晕至极!悖论至极!让一切并非"信仰骑士"的人越是思考和想象它,就越难以成眠,越是体验到"恐惧与颤栗"。这联系献祭者与被献祭者的,只能是亲子之爱,不然就是极端的邪恶。只有经历过亲子大爱的生命者,才可能不对它只有厌恶和憎恨。就此而言,亲亲是人类的宿命,是人类精神和原想象的至高点。在这个视野中,克尔凯郭尔解释了《新约·路加福音》14:26的那一段:"人到我这里来,若不恨他的父母、妻子、儿女、弟兄、姐妹和他自己,就不能做我的门徒"[1],反对将其中的"恨"改译为"较少爱"之类的次爱话语,因为神要求人的绝对之爱,而这爱绝不能被那种将亲爱降等的行为来证明(连对父母家人都无大爱的人,怎么能对神有绝对之爱?)(《恐惧与颤栗》,第101页)。对于克尔凯郭尔,这"恨"只能理解为,神通过它要求一种内含眩晕悖论的爱(同上页)。

克尔凯郭尔有时讲,"作为特殊的个别人高于普遍者"是这"悖论"或"信仰"的含义(《恐惧与颤栗》,第84页),但实际上,这特殊的个别人只是"亲子"的代名词;献祭之路上的亚伯拉罕,表面上是孤独的个别人,但他从头至尾、彻里彻外地活在他和以撒的生死与共的关系之中,包括他"伸手拿刀,要杀他的儿子"时,不然的话,他就只是个谋杀者,而绝不是信仰者。所以亲子关系就是原时间,它必须与这时间生死与共,绝对不超越它而知而思而筹划。也就是说,当亚伯拉罕伸手拿刀时,绝对不能想望、期待上帝下一刻的呼唤和中止,而确实是"要杀他的儿子";但这"要杀"又不同于抱定某个目的的杀心杀念,以至于听不到上帝下一刻的呼唤,看不见"两角扣在稠密的小树中"(《创世记》22:13)的公羊。前一半体验要求时

---

[1] 此译文根据《恐惧与颤栗》第99页和《圣经》编者注("'爱我胜过爱'原文作'恨'")改译。

间内容的间隔性,现在绝对不同于将来,现在移向将来是无相无念的一跃;后一半要求这时间的某种连续性,将来可以改变、反转、否定而不是割断现在,那一跃不必然导致破碎。亚伯拉罕确实要杀儿子献祭,但不是为了什么而杀,所以是无执之杀,它在跳一种奇特的舞步,也就是那种能够在致命一跃的落地时还稳稳不动的"跃定"舞步(《恐惧与颤栗》,第70页,第74~75页),那种"每一瞬间都在做出无限运动"(《恐惧与颤栗》,第69页)的舞步。它在无限与有限、个人与公德、至爱与谋杀的针锋相对的刃尖(悖论)上跳舞而不被刺伤,反倒借其势而上下腾挪。所以它在做了无限的弃绝后,还可能随时准备好接受这个有限世界中的奇迹,比如"以撒的回归",并以无比的欢喜而不是尴尬阴沉来面对以撒和撒拉。这种完全打通无限和有限的犹太教-基督教的中庸,"不勉而中,不思而得,从容中道"(《礼记·中庸》),即便那些能做出无限弃绝的骑士也做不到它(《恐惧与颤栗》,第66~67页)。这是没有实底的、无限渊深的信仰,不被一切现成化意识所理解的信仰。它只能是原时间,在一切观念化和对象化的联系综合之先,自由地凭借过去、当下与将来的差异(绝断中的丝连)构成意义,或不如说是意境。

亚伯拉罕的献祭无法模仿,在任何意义上都不能,它是绝对"个别"的或亲子时机化的。一位牧师星期天讲道时严肃地告诉听众:"亚伯拉罕如此地爱上帝,以至

第1章 "亚伯拉罕以子献祭"中的"亲亲"位置

于情愿向他献出自己所拥有的最宝贵者。"就内容而言，讲得好极了，一点也不错！于是有一位虔诚的信徒，听了这讲道后，"回到家，他就要做亚伯拉罕干的事儿；因为儿子确实是他最宝贵的所有"（《恐惧与颤栗》，第58页）。那位讲道者得知此事，就赶到这充满了"最深刻的悲－喜剧意味的"现场，对那实心眼儿的家伙一通训斥恶骂（《恐惧与颤栗》，第59页）。他又做对了。但是，这位被骂为"要谋杀亲儿的社会渣滓"的老实人可能会大惑不解，回答他的牧师道："可那是您在星期天告诉我们的呀！"于是克尔凯郭尔在一个注里，将流行已久的一个说法——"这世界不按牧师的讲道来运行，实在是糟透了！"——改为："这世界不按牧师的讲道来运行，实在是太幸运了！"（同上页）

为什么亚伯拉罕能做的，牧师们能说的，那个信徒却不能照着做？因为牧师说的，实际上不是亚伯拉罕做的。亚伯拉罕的献祭由世上最炽热跌宕的激情所造就，真正理解或体验到它的人，在绝大多数情况（还未成为信仰骑士的情况）下，会恐惧、焦虑、失眠（《恐惧与颤栗》，第58～59页），甚至会去采取某种行为，但绝不会言之凿凿地去总结，也不会将它当作典型来模仿。万一有人在真正理解或体验到它之后，还是做出了与亚伯拉罕一样的事（虽然它的概率小到让人不敢去设想），那也是该事件本身的缘分，而完全不同于这里讲到的悲－喜剧的一幕。

那激情就是亲子之爱,它让献亲子祭变得完全内时间化。而活的内时间,只生成,绝不模仿。里边难道只有个别,绝无普遍?还是说,里边只有个别和普遍还纠结着的原意识与原意义?

第 2 章

海德格尔与儒家哲理视野中的"家"

将"家"(Heim, Heimat, Heimisch, Herd, Haus; home, house)当作理解人性和世界的必要前提的重要西方哲学家是极少的,海德格尔是其中之一,也似乎是最早的一位。[1] 即便他曾在宗教和哲学的意义上经历过"转向",但他的"系家性"(Heimatverbundenheit)[2] 或"念家性"

---

[1] 另两位重视"家"或"家居"的西方哲学家是法国的列维纳斯(Emmanuel Levinas)和巴什拉(G. Bachelard,《空间的诗学》)。特别是列维纳斯的他者哲学,给予"家"以重要地位。在其《整体性与无限性》(1961)一书中,比如该书的第二、四部分里,他赋予家以理解人、世界和他者的基础地位。尽管列维纳斯批判海德格尔的整体性倾向,但考虑到他与海德格尔和胡塞尔在思想上的内在联系,似乎可以说,如果没有海德格尔和胡塞尔之前的开拓性工作,这位很有独创力的法国现象学家关于家的思想是不可能的。

[2] *Heidegger–Handbuch: Leben–Werk–Wirkung*, ed. D. Thomä, K. Meyer and H. B. Schmid, Stuttgart・Weimar: Metzler, 2003, p.3 (=S.3).

(Heimverlangen)(GA 16, 10)[1]却持续终生。更重要的是，这系家倾向关系到他思想的核心，因而值得我们认真审视之。另一方面，众所周知，儒家的全部学说之根扎在家（Familie, Heim; family, home）里边。但是，海德格尔尽管对中国的道家表示出强烈持久的兴趣，却对儒家毫无涉及。为什么？除了其他原因之外，两者对于家的不同看法应该起到了作用。本文就想找到这种不同，但要首先发现海德格尔对于家的思想的完整表达途径，这一点目前在学界中似乎还未做到。在辨识清楚这种思想与儒家的相似性之后，才能有学理依据地找到它与儒家的区别及其原因。

一 海德格尔理解的家

在《存在与时间》中，海德格尔通过分析"恐惧"（Angst）而触到家问题。恐惧是人类缘在（Dasein）具有的一种原发的处身情境，我们在其中感到"无家"或"阴森怪异"（unheimlich）。海德格尔就将其延伸为"不在家的存在状态"（das Nicht-zuhause-sein）(SZ, 188~189)[2]。这

---

[1] "GA"是《海德格尔全集》（*Gesamtausgabe*, Frankfurt a. M.: V. Klostermann Verlag, 1975年起）的简称。如无特别标识，括弧中逗号后的数字是该书页码。

[2] M. Heidegger: *Sein und Zeit*（《存在与时间》或《在与时》，本章简称"SZ"），Achtzehnte Auflage, Tübinger: Max Niemeyer Verlag, 2001. Or GA 2.

种阴森怪异感提示人,他在日常公众的"大家伙儿"那里得到的"在家"或"在家中存在"的感觉,实际上是幻觉或一种丧失真态自身的症状。因此,在此书中,"家"或"在家"是一个否定性的词。说到底,只有通过不在家的存在状态或这种状态参与造就的被个体化的缘在存在(SZ, 265~266),理解人类本性和存在意义的视野才会被打开。

20世纪20年代末,海德格尔开始以肯定性的方式来谈论家了。比如在他的1929—1930年冬季学期讲稿中,他引用了诺瓦利斯(Novalis)的话:"哲学是真态的怀乡病,一种对总在家状态的本能渴望。"(GA 29/30, 7)[1] 沿着这样的思路,他将"怀乡病"当作"哲学活动的基本情绪"(同上)。而在《艺术作品的本源》(1935—1936年,简称《本源》)中,通过由艺术作品带到一起的"大地"(Erde)和"世界",他讲到肯定意义上的家。他写道:

> 神庙作品阒然无声地开启着世界,同时把这世界重又置回到大地之中。如此这般,大地本身才作为家园般的基地[heimatliche Grund,又可译作"家基"]而露面。(《林中路》, 24; GA 5, 28)[2]

---

1 GA 29/30, *Die Grundbegriffe der Metaphysik. Welt–Endlichkeit–Einsamkeit*, 1992.
2 马丁·海德格尔:《林中路》,孙周兴译,上海:上海世纪出版集团,2008年;Martin Heidegger: *Holzwege*, GA 5, 28。

这段引文及相关的上下文让我们看到大地或家基的某些特点。首先，它不是一种可对象化地观察和测量的大地，而是被某件艺术作品兴发的、必与世界的敞开相对而露面者。"由于作品建立一个世界并制造大地，故作品就是这种争执的诱因。"（《林中路》，31；GA 5, 36）在海德格尔的其他著作中，特别是在解释荷尔德林诗歌的著作中，他将"世界"的这一面又称作"苍天"或"光明"。其次，这大地本身又包含一个互补的对立，也就是，大地同时是前来和（为了拯救的）后撤、开启和锁闭、出现和掩藏。"作品在这种自身回归中让其出现的东西，我们曾称之为大地。大地乃是涌现着－庇护着的东西。"（《林中路》，28；GA 5, 32）再次，它超出了一切强制现代心灵的东西，或操纵着"对力量的意愿"的东西。"大地是那不被强迫的无为无息。"（自译；GA 5, 32）"大地使任何纯粹计算式的胡搅蛮缠彻底幻灭了。虽然这种胡搅蛮缠以科学技术对自然的对象化的形态给自己罩上统治和进步的假象。"（《林中路》，28～29；GA 5, 33）它是最终意义上的"任其自行"。最后，大地凭借它与世界的创造性冲突，为一个人群或民族提供了历史生存居所。换言之，它不限于"美学"，而是可以在人类历史形成中扮演重要的角色。"立于大地之上并在大地之中，历史性的人类建立了他们在世界之中的栖居。"（《林中路》，28；GA 5, 32）

在《论真理的本性》一文的1930年初稿中，海德格

第2章 海德格尔与儒家哲理视野中的"家"

尔从《老子》第28章引用了一句话"知其白,守其黑"[1],以说明真理(揭蔽、开启)与非真理(遮蔽、隐藏)的相互依存的关系。此文代表了海德格尔要纠正《存在与时间》中不平衡的真理(aletheia)与非真理的关系(SZ,222)的努力。如果联系起来阅读,我们可以认为此引语中的"白"(Helle,在《老子》中意味着"阳"的一面)就是《论真理的本性》中的"真理"以及《本源》中的"世界",而"黑"(Dunkel)则是相应的"非真理"和"大地"。于是我们发现《论真理的本性》中那笨拙却重要的陈述"真理与非真理在本性上并非相互无关痛痒的,反倒是相互归属的"(WM, 188)[2],在《本源》中不但再现,而且加强为"真理在本质上即是非真理(Un-wahrheit)"(《林中路》,35;GA 5, 41)。因此,海德格尔关于"大地"和"家"的思想可能在一定程度上受到过《老子》的影响,起码与之有深刻共鸣。

海德格尔在另外两本书和一篇文章,《形而上学导论》(1935)、《荷尔德林的赞歌〈伊斯特尔〉》(1942)和《返乡/致亲人》(1943)中,更充分得多地探讨了家的含

---

[1] 海德格尔提供的德文译文是:"Der seine Helle kennt, sich in sein Dunkel hüllt.(Lao-tse)"有关事实的出处,见拙著《海德格尔传》(北京:商务印书馆,2007年)第242~244页,及书前影印页。

[2] M. Heidegger: *Wegmarken*(《路标》,简称"WM"),zweite, erweiterte und durchgesehene Auflage, Frankfurt am Main: V. Klostermann, 1978.

义。《返乡/致亲人》一文告诉我们:

> 在这里,"家宅(园)"意指这样一个空间,它赋予人一个处所,人唯在其中才能有"在家"之感,因而才能在其命运的本己要素中存在。这一空间乃由完好无损的大地所赠予。大地[于是]为民众[Völkern,各民族]设置了[einräumen,空出了]他们的历史空间。大地朗照着"家宅"。如此这般朗照着的大地,乃是第一个"家宅"天使[Engel "des Hausses"]。(《荷诗阐释》,15;GA 4,16~17)[1]

这里讲的"家宅"(Hauss)来自大地,而"完好无损的大地"要求与光明成为互补及对立的一体。这光明(Licht)在海德格尔的语词中的另一种表示就是"世界"。由于与光明有这种互对一体关系,大地才成为它自身并能"朗照"(auf-heitern)家宅。因此,在这一段之后,海德格尔马上写道:

---

[1] 海德格尔:《荷尔德林诗的阐释》(简称《荷诗阐释》),孙周兴译,北京:商务印书馆,2000年。
M. Heidegger: GA 4, *Erläuterungen zu Hölderlins Diehtung*(简称"GA 4"), 2. Auflage, Frankfurt am Main: V. Klostermann, 1996.
为了保持本文用语的一致性,这里将孙译中的"家园"(Hauss)改为"家宅",以便将"家园"留给"das Heimische"。

第2章 海德格尔与儒家哲理视野中的"家"

"年岁"为我们称为季节的时间设置空间。在季节所允诺的火热的光华与寒冷的黑暗的"混合"游戏中[请读者注意此句用语与海德格尔为《老子》"知其白,守其黑"提供的德文译文(见上文)的相关性],万物欣荣开放又幽闭含藏。在明朗者[Heitere]的交替变化中,"年岁"的季节赠予人以片刻之时,那是人在"家宅"的历史性居留所分得的片刻之时。"年岁"在光明的游戏中致以它的问候。这种朗照着的光明就是第一个"年岁天使"[Engel des Jahres]。(《荷诗阐释》,15;GA 4,17)

这两位天使,即家宅天使和年岁天使,也就是人类生存的原本空间与时间,或大地和光明,一起使得这明朗者(*Heitere*)可能。而这明朗者就是充分意义上的人类历史居所和群体家宅。海德格尔于是继续写道:

> 大地与光明,也即"家宅天使"与"年岁天使",这两者都被称为"守护神",因为它们作为问候者使明朗者闪耀,而万物和人类的"本性"就完好地保存在明朗者之明澈中了。依然完好地保存下来的东西,在其本质中就是"家园(乡)的"。使者们从明朗者而来致以问候,明朗者使一切都成为有家园的

[Heiteren, das alles heimisch sein läßt]。允诺这种家园要素，这乃是家（故）乡的本质[das Wesen der Heimat]。(《荷诗阐释》, 15~16; GA 4, 17）

大地与光明的交接产生了明朗者，在其中一切事物和人群得到其本性。以这种方式，人拥有了家。"明朗者"这个关键词当然不意味着一种纯粹的光明，而是光明与大地（或黑暗）的争斗性遭遇所生发者。正是在艺术作品，特别是真正的诗歌中，有那种遭遇和明朗者的发生。"诗人的天职是返乡，惟通过返乡，家乡才作为达乎本源的切近国度而得到准备。"(《荷诗阐释》, 31; GA 4, 28）

因此，要合适地理解这明朗者，我们可以来看一下海德格尔《思想的基本原则》中的话，在那里他诉诸他心目中的两位诗性思想者——荷尔德林和老子。原文是：

此黑暗却是光明的隐藏之处（Geheimnis）……这种黑暗有它本身的清澈。真正知晓古老智慧的荷尔德林在他的诗《怀念》第三节中说道："然而，它递给我／一只散发着芬芳的酒杯，／里边盛满了黑暗的光明。"

……困难的倒是去保持此黑暗的清澈；也就是说，去防止那不合宜的光亮的混入，并且去找到那

第2章 海德格尔与儒家哲理视野中的"家"

种只与此黑暗相匹配的光明。《老子》（28 章，V. v. 斯特劳斯译）讲："那知晓自身光明所在者，将自己藏在他的黑暗里。"（"Wer seine Helle kennt, sich in sein Dunkel hüllt.""知其白，守其黑。"）这句话向我们揭示了这样一个人人都晓得但鲜能真正理解的真理：有死之人的思想必须让自身没入深深泉源的黑暗中，以便能在白天看到星星。（GA 79, 93）[1]

这里讲的"黑暗的光明"或"藏在黑暗里的光明"（黑中白），比如星光，就是这位使人类之家可能的明朗者。另一方面，"处于一片赤裸裸光亮中的光明（Lichte），'比一千个太阳还亮'，就［与黑暗］分离开来，也就不再是澄明（Lichtung）了"（GA 79, 93）。所谓"澄明"，是指在稠暗森林中的一块空地，一个光明与黑暗交接的地方，不过光明在此还是占了上风。因此，这个词就被海德格尔用来转译古希腊人讲的"真理"（aletheia）。而"比一千个太阳还亮"则是指原子弹的爆炸，乃现代技术可怕力量的象征。海德格尔对于家或家园的肯定性思想，从头到尾都关注着现代技术意识形态的威胁，而这种意识形态竟可以回溯到古希腊的形而上学与数学。正是这

---

[1] M. Heidegger: GA 79, *Bremer und Freiburger Vorträge*（《不来梅和弗莱堡演讲集》），1994. 中文基本上取自拙著《海德格尔思想与中国天道》的附录。

种威胁使得人无家可归（unheimatlich, unheimlich）。

二 无家可归状态

《形而上学导论》和《荷尔德林的赞歌〈伊斯特尔〉》通过审视古希腊最伟大悲剧作家索福克勒斯剧作《安提戈涅》的第一首合唱歌词，提出了人类无家状态的问题。海德格尔将此歌曲的开头翻译为：

> Vielfältig das Unheimliche, nichts doch
> über den Menschen hinaus Unheimlicheres ragend
> sich regt.（EM, 112; GA 53, 71）[1]

试译为：

> 世上有许多种阴森怪异者，但还没有
> 哪种能在耸立的阴森怪异方面超出人类。

在海德格尔的翻译中，关键词"Unheimliche"（阴森怪异者）

---

[1] M. Heidegger: *Einführung in die Metaphysik*（《形而上学导论》，简称"EM"），Tübingen: Max Niemeyer Verlag, 1987.
M. Heidegger: GA 53, *Hölderlin's Hymne »Der Ister«*（《荷尔德林的赞歌〈伊斯特尔〉》），Frankfurt am Main: V. Klostermann, 1984（1942）.

对应希腊词"τά δεινά"或"τό δεινόν"。这希腊词的意思是"可怕者"、"有巨力者"或"压倒者"。而德文词"Unheimliche"意味着"阴森怪异者""巨大者""非常者",基本上可以对应之。但海德格尔用这个词时,也要或者说是特别要强调它字面的意思,也就是像他在《存在与时间》中做的那样(SZ, 188~189),将它当作"Un-heim-lich-e"或"无-家-的-状态"或"无家状态"。这个"无家状态"的意思却似乎不在希腊词"δεινόν"里边。然而,海德格尔坚持认为:"将'δεινόν'首先译作'无家的'(unheimlich),按后边解释给出的理由看来,是有道理、能成立的,甚至是必要的",同时也承认"这样的翻译乍一看是陌生的、强暴的,或从'语文学的'角度来讲,是'错误的'"(GA 53, 74)。由此可以知道,他是多么急迫地需要"Unheimliche"这个词中隐含的双关,也就是在"阴森怪异者"与"无家状态"之间的理路联系,以便将他对人性的探讨与对家的探讨结合起来。于是他在《形而上学导论》中写道:

> 我们将这阴森怪异者或无家状态(das Unheimliche)当作那样一种东西来理解,它将我们从"在家状态"(Heimliche),即家园的(Heimische)、习惯的、熟悉的、安全的状态中抛出。这不在家状态(Unheimische)就不再允许我们成为家乡产的(einheimisch)了,而在其中就有着那种征服状态(Über-wältigende)。但人乃是

> 最阴森怪异者或最无家者,不仅是因为他要在这么理解的无家状态中间度其一生,而且是因为他首先和经常地会从他所习惯的和家园的界限里跑出来溜掉,而且还因为他是作为施暴者(Gewalt-tätige),就在朝向无家的阴森状态的方向上,迈过家乡状态的界限。而这无家的阴森状态(Unheimliche)就应作为征服状态来理解。(EM,115~116)

海德格尔认为:这种希腊思想主张"在家状态"就是人们"首先和经常习惯的和熟悉的状态"。而《存在与时间》对于它的表达就是"日常状态"(Alltäglichkeit)(SZ, §71)。这是一种非真态的缘在生存状态,虽然海德格尔有时也强调它与真态状态一样是被我们的天然存在领会引导着的,但"首先和经常地"会因为它执着于"习惯中的舒适"(SZ, 370)而遮盖住缘在的真态生存意义。因此,存在的压倒性力量和人(对于这种力量)的施暴式揭蔽的源头,也就是人的阴森怪异处的源头,都被海德格尔认为是无家状态。正是由于这无家状态,人违反了在家的生活方式或日常状态,变得强暴起来,以至于在压倒性的存在上打开缺口,并凭借那涌入的存在力量赢得自己的历史位置。海德格尔这么写道:

> 这最阴森无家者(人)是其所是,乃是因为:

第2章 海德格尔与儒家哲理视野中的"家"

它从根本处栽培和保护着此家源状态,却只是为了破其壁而出,让那压倒性的东西涌入。存在本身将人抛入这个引人的打破状态,而这状态就驱使人超出他自身,冒险朝向存在,让存在在作品中出现,由此而将这存在者作为一个整体打开。(EM, 125)

只有通过这种被存在本身逼迫着的困境,人类存在者的本性才会向我们开启。(EM, 124)

按照这种类似于《存在与时间》的观点,人的本性就处于"无家状态"之中,或阴森怪异、施暴反常和无家可归的状态之中。它似乎与以上所引述的他在《荷尔德林诗的阐释》中所言者——"在这里,'家园'意指这样一个空间,它赋予人一个处所,人唯在其中才能有'在家'之感,因而才能在其命运的本己要素中存在。"(《荷诗阐释》,15;GA 4,16~17)——相冲突。但是,如果人凭借施暴或"让存在在[艺术]作品中出现",最终为人赢得的是一个家园般的历史位置的话,那么这个冲突就可以避免了。流传较广的《形而上学导论》没有直接讨论这个问题,因而可能给读者造成了一种印象,即在海德格尔看来,人类存在者与具有压倒性力量的存在的关系,注定了是无家的和施暴的。要纠正这个不正确的印象,只有扩大对海德格尔著作的阅读范围。

此《导论》之所以缺少了有关的讨论，一个可能的理由就是海德格尔对于希腊哲学的看法。虽然他将前柏拉图哲学如赫拉克利特和巴门尼德的哲学与后起者们区别开，对"前"阶段有更高的评价，而认为后者们要为存在与思想关系上的形式二元化负责，他对作为一个整体的希腊哲学还是持某种保留态度。所以他写道："我们对于存在的理解沉浸于（更不用说是丧失于）这种［希腊的］前视和瞰视的视野中。这种沉浸变得更加有力和更有遮蔽性，因为甚至这些希腊人也不能将这前视视野本身揭示出来，而且这种无能是出自根本的原因（而不是出于某种失误）。"（EM, 90）这里讲的"这些希腊人"也应该包括赫拉克利特、巴门尼德和索福克勒斯。为什么海德格尔会认为希腊人不能将理解存在的视野揭示出来呢？观察到他从前期"转向"后期之际，如何努力去将存在论上的非真理、黑暗或道的阴面与真理、光明或阳面整合起来，以及在这期间他与老庄之道的呼应，就可以找到此问题的答案。这就是：在希腊人对于存在和真理的自身反思的哲理视野中，而不是在他们对于存在和真理的诗性经验中，黑暗和大地是缺席的。

三　炉灶 / 家乃是存在

海德格尔关于家的思想在《荷尔德林的赞歌〈伊斯特尔〉》里得到了最清晰的表达。此书可以看作是他解释荷尔

第2章 海德格尔与儒家哲理视野中的"家"

德林的《返乡》和索福克勒斯的《安提戈涅》的一个结合,虽然前者现在被荷尔德林的《伊斯特尔》替代了。由此,海德格尔就直接面对人类的返乡冲动和无家状态的遭遇。

"伊斯特尔"是多瑙河某一部分的名字。在海德格尔看来,这河在荷尔德林的赞歌中得到了一种更深的意义,因为它"根本性地有助于人在本己要素中成为有家园者"(GA 53, 24)。理由就是:"这河流'是'这样的地域,它充溢着人类存在者们在大地上的居所,决定着他们属于什么地方和在何处得其故乡。"(GA 53, 23)这"地域"(Ortschaf)须在纯粹发生的意义上理解,也就是作为这河流的"曾在"和"来临"、"消逝"和"预示"(GA 53, 33)的交织。由于这交织,消逝者不仅仅意味着一去不复返,而是存在于预示着的内在回忆里。"消逝也可以是一种不易觉察的逝入到正来临者里边,逝入到对正来临者的决定性归属中。"(GA 53, 34)在这样一种缘发生的视野中,这地域或河流从本性上就是一种"漫游","在双重含义上同时是消逝和充盈的预示"(GA 53, 35)。这就是指导海德格尔在《荷尔德林的赞歌〈伊斯特尔〉》的第二部分也是最长的部分中,解释索福克勒斯的《安提戈涅》的哲学河道。

甚至"伊斯特尔"这个名称也隐含着这种交织互补。它曾是罗马人给多瑙河下游起的名字,但是荷尔德林却用它来指称这河的上游,"就好像下游的多瑙河回溯到上游,由此而转回到它的源头"(GA 53, 10)。海德格尔从荷尔德林的诗歌中引述了好几个例子，以表明这样的交叉命名或"在两个地方之间的转移"（GA 53, 42）是有意为之并富于含义的。"这河流在真实［而非事实］的意义上是回流着的"（GA 53, 43），因为它是返乡归家之路，一种在消逝中的回返。"这河流［除了是漫游的地域之外，］从根本上讲也同样是地域的漫游。成为有家园者（Heimischwerden）的出口和入口就在这地方（Ort）里，而这地方的本性就是：它在漫游（wandert）。"（GA 53, 42）

在海德格尔对于《安提戈涅》的解释中，这"消逝"就成为"无家"或"阴森怪异"，而"来临"或"预示"就转作"成为有家者"。除了那些相似于《形而上学导论》的关于"δεινόν"的讨论之外，海德格尔在此提出了一个新问题：安提戈涅[1]应不应该被拒斥于这段合唱曲末尾提到的炉灶（Herd）（GA 53, 121）[2]，也就是家的中心或象征之外呢？回答似乎一定是肯定的，因为安提戈涅不仅属于忒拜城邦长老们要驱赶的那些无家化者们中的最极端者，甚

---

[1] 安提戈涅是俄狄浦斯和伊俄卡斯忒（俄狄浦斯之母）的女儿，也就是来自一个乱伦的家庭。她挑战忒拜城邦之王克瑞翁的律令，埋葬自己因反叛城邦而死于非命的兄长。

[2] 这合唱曲的最后诗行是："能够做出这样［无家化］事情的人，不应该受到信任而坐到我的炉灶旁边，也不应该允许他用其妄想来混淆我的知识。"（"Nicht werde dem Herde ein Trauter mir der, / nicht auch teile mit mir sein Wähnen mein Wissen, / der dieses führet ins Werk."）（GA 53, 72, 74）
在德语中，"Herd"有"炉灶"、"发源地"和"家"、"安乐窝"诸含义。

至还是对这"最极端"的进一步强化(GA 53, 129)。然而,在一个更深入的思考中,无家状态却并不必然意味着要从炉灶之家那里被驱除,因为对于海德格尔而言,这状态有两种:"就'δεινόν'被视为无家状态而言,它有对立而又具内在互转联系的两种:一种是在存在者中无出路流浪的无家,另一种则是由于归属于存在而成为有家园者的无家。"(GA 53, 147)第一种被称为"不真正切身的"或"非真态的"(uneigentlich)无家,而第二种则被称为"真正切身的"或"真态的"(eigentlich)无家(GA 53, 146)。

安提戈涅所归属的是真正切身的无家,在其中她决断地忍耐和经受了所有存在者中的这个无家存在者的痛苦,而不去向"更高的和更低的诸神"(GA 53, 145)求告;于是她得到了那个不可被对象化的、"没有人知道它从哪里出现"的"不成文的和不可更改的神圣箴言"(GA 53, 145)。她那忍受痛苦的决断可以比作荷尔德林的诗歌中伊斯特尔河的回流,在其中"消逝也可以是一种不易觉察的逝入到正来临者里边,逝入到对正来临者的决定性归属中"(GA 53, 34)。也就是说,安提戈涅通过经历原发的时机化(Zeitigung),在其中曾在与将临的交织盛行,预示和纪念觉醒过来,而找到了人类神圣本性的不成文的表达;而这种寻得既不是在更高处,也不是在更低处,而是就在人类生活的动荡和发生的"中间"达到的。因此她比那最无家者还要更无家,因为她将这无家纳入了她的本性之中,或者说那"没有人知道它从哪里出现"者之中。只有通过这真态无家的隐藏,她才能被涌入到存在的揭蔽真理之中,那里炉灶的"火焰"正在家的正中处燃烧(GA 53, 130)。所以,安提戈涅应该被家中炉灶接受,而这家炉在海德格尔语汇中正是对存在的另一种表达。他这样写道:

> 此炉灶,这家园的家居处(die Heimstatt des Heimischen),正是存在本身;在它的光明、辉彩、红晕和温暖中,所有存在者都合适地会聚起来了。(GA 53, 143)

> 这炉灶是表达存在的词,它作为这显象在安提戈涅的话语中被命名,它决定一切,甚至超出了众神。(GA 53, 150)

至此我们已经明白地看到,海德格尔对于家问题的探查是被他终生关注的存在意义的问题推动着的。家或炉灶不是任何现成的存在者,而是纯存在,它在一切对象化之前就被以非把捉的方式被知晓了,于是它就可以经受最无家状态的"还原"。"因为她[安提戈涅]如此这样地在存在中成为了有家园者,她在众存在者中就是最无家的人。"(GA 53, 150)另一方面,存在本身之所以不同于对象化的存在者们,是因为它是人类的原本之家,是人在任何情况下也认同的或受其吸引的家园。

就在这么一个从根本上连接了家探讨与存在探讨的视野中,海德格尔在他的《论人道主义的信》(1946)中这样写道:

> 这个词[家乡,Heimat]此处被在一种根本的意义上思考,不是爱国式地或民族主义式地,而是存在历史式地(*seinsgeschichtlich*)。然而,这里说到这家乡的本性还有这么一个意图,即将现代人类的无家可归状态(Heimatlosigkeit)从存在历史的本性那里加以思忖。……这么理解的无家可归状态就在于存在者对于存在的遗弃(Seinsverlassenheit des Seienden),它是存在遗忘状态(Seinsvergessenheit)的症状。(GA 9, 338~339)[1]

海德格尔探求存在意义的事业,就其为人们所熟知的文献范围而言,始于在《存在与时间》开头处提出"存在遗忘"(SZ, 2)的问题。在这本大作中,可以找到与以上所介绍的大多数解决家问题思路相似的或可以对比的思想和术语。除了那些已经提及的相似之处——比如存在与炉灶、先行决断的缘在与安提戈涅——之外,我们还可以观察到

---

[1] M. Heidegger: GA 9, *Wegmarken*, 1. Auflage, *Gesamtausgabe*, Band 9, Frankfurt am Main: V. Klostermann, 1976.

存在探讨与家探讨这两条线路之间的更多的可比性。比如,家路线中人的阴森怪异有存在路线上的缘在之"去存在"(Zu-sein)本性或"生存"(Existenz)性与之对应,它在《存在与时间》中对立于现成的存在(Vorhandensein, *existentia*)(SZ, §9)。他在《荷尔德林的赞歌〈伊斯特尔〉》中讲到的非真态的无家状态则平行于《存在与时间》所讲的缘在的非真态性。而无论是哪种——家的或缘在的——非真态性和真态性,都与《存在与时间》中讲的非真理、遮蔽和真理、揭蔽对应。但如上所及,这种关系在《论真理的本性》中被改变或调整了,非真理获得了比非真态更丰富得多的含义,所以取得了比真理还要更原本的地位。

关于如何达到终极状态或领悟——无论是真态的家还是存在本身——的方式,家路线所显示的是"在无家状态中成为有家园的",而存在路线对它的展示是通过非真态的众牵挂(Sorge)形态而进入真态的形态。尽管两者不等同(其区别下面会涉及),但有大体上的可比性。后者可以被理解为在直面自己的死亡和倾听自身良知呼唤时做出先行决断的真态缘在,它清除掉了缘在之缘(Da)或牵挂中的现成状态,由此而获得境域中的自由(SZ, §46~§65)。在家路线中,这样的真态缘在的一个重要形象就是做出了先行决断的安提戈涅,而达到这家园终极态的过程的形象则是伊斯特尔之河,它同时在两个方向上奔流,因而能在消逝中来临。在存在路线里,这条河就是由先行决断开启的时间性（Zeitlichkeit），即理解存在本身意义的视域，因为"时间性乃是此原发的在自身中并为了自身的'出离自身'"（SZ, 329）。

这两条路线之间的一个重大区别是在存在路线中缺失了大地。正如以上所论证的，《论真理的本性》讲的原本的非真理、隐藏和黑暗（此文第一稿中引用了《老子》的话语）是这大地的初露，而这大地的思路在海德格尔研究家问题时扮演了相当重要的角色。作为"家宅天使"的大地为民族提供了历史的空间，由此而与象征生存时间性的"年岁天使"形成构造性的对子。以这种方式，大地为海德格尔的整个思想事业提供了一个"家基""地域"或其源头性不亚于时间性的生存空间性。它实际上是对于《存在与时间》中时间性优先于空间性这样的一个缺陷的纠正，而此优先的另一种表达则是真理对于非真理、真态性对于非真态性的优先。这也就是海德格尔为什么后来要公开承认在《存在与时间》中将时间性当作空间性源头的做法是错误的或"站不住脚的"（sich nicht halten）[1]，这种认错对于他来讲是极其罕见的。

---

[1] 原文出自《时间与存在》一文："《存在与时间》70 节要将缘在的空间性归因于时间性的企图，是站不住的。"（"Der Versuch in *Sein und Zeit* §70, die Räumlichkeit des Daseins auf die Zeitlichkeit zurückzuführen, läßt sich nicht halten." M. Heidegger: *Zur Sache des Denkens*, 2., unveränderte Auflage, Tübingen: Max Niemeyer Verlage, 1976, S.24.）

在这个新视域中，海德格尔开始为他的思想探讨采用一批新的语词，比如"艺术作品"、"语言"、"诗"、"自身的缘发生"（Ereignis）、"道路"（Weg, weegen）等等。在《本源》中，他将神庙这样的艺术作品视为处身于开启的世界和庇藏的大地之间的东西（GA 5, 28），而且进一步主张所有的艺术在本性上都是诗（GA 5, 59）。诗是原初语言（Sprache）的言语方式，而这语言被他看作"人本性之家"（Behausung des Menschenwesens）（GA 9, 333）或"存在之家"（das Haus des Sein）（GA 9, 333, 358～361）。要看到以上涉及的两种"家"即"存在之家"与"家宅之家"的联系，应该不会太困难。因此，"诗人的天职是返乡，惟通过返乡，家乡才作为达乎本源的切近国度而得到准备"（《荷诗阐释》，31；GA 4, 28）。总之，"在与存在的关系中，人类的能存在是诗性的。人类在大地之上无家地存在于家园之中就是'诗性的'"（GA 53, 150）。用海德格尔常引用的荷尔德林的诗句来讲，就是："充满了业绩，但人还是诗性地居住在这块大地上。"[1]（GA 9, 358；GA 7, 36, 193, 206；GA 12, 135）

四　儒家与海德格尔对于家的类似看法

如同海德格尔，儒家发现家是一个终极的源泉。众

---

[1] 原文是："Voll Verdienst, doch dichterisch wohnet/ der Mensch auf dieser Erde."

所周知,仁对于儒家是圆满的美德,所以成为一个仁人是儒家修身的最高目标。而这个传统同时坚定地认为,仁的根子扎在健全的家关系里。《论语》有言:"孝弟[悌]也者,其为仁之本与!"(《论语·学而》)[1]孔子在《礼记·中庸》中曰:"仁者人也,亲亲为大。"(《礼记正义》,1440)[2]孟子讲:"亲亲,仁也。"(《孟子·尽心上》)[3]之所以会有这种反复的强调,是因为在儒家看来,人的终极存在不在个体而在原初和真切的人际关系,也就是家关系,特别是亲子关系之中。人类的根本所在并非是社会性的,而是家庭性的。因此,家状态首先不应被当作一个社会单元,而是海德格尔意义上的存在论的生存单元。

甚至就在《存在与时间》中,海德格尔已经将人或缘在看作那样一种存在者,在其世界中已经有他人的存在论地位。"与他人共存在(Mitsein mit Anderen)属于缘在的存在……所以,此缘在作为共存在从本性上就是为了他人而'存在'。"(SZ, 123)处于这样的思想视野中,海德格尔在"牵念"(Besorge)或"以环视方式与世界内

---

[1] 本文中《论语》引文出自《论语注疏》,〔魏〕何晏注,〔宋〕邢昺疏,朱汉民整理,张岂之审定,北京:北京大学出版社,1999年。

[2] 本文里《中庸》《大学》诸篇引文出自《礼记正义》,〔汉〕郑玄注,〔唐〕孔颖达疏,龚抗云整理,王文锦审定,北京:北京大学出版社,1999年。

[3] 《孟子》引文出自《孟子注疏》,〔汉〕赵岐注,〔宋〕孙奭疏,廖名春、刘佑平整理,钱逊审定,北京:北京大学出版社,1999年。

的称手状态打交道"(SZ, 121)之外,又提出了"牵心"(Fürsorge)这种与其他缘在而不是称手之物来往的方式(SZ, 121)。

牵心有三种方式,一种否定的和两种肯定的。否定的方式是一种"有缺陷的"或"冷漠的"方式,人在其中以不关心的、阴谋算计等方式牵心于他人。而肯定的方式分为不真态的和真态的。不真态的牵心指一种替他人来牵念的越俎代庖的方式,使那被牵心者被抛出了自己原本的位置(SZ, 122)。而真态的牵心关心的是那个他人的生存能力而不是其需要的对象,所以绝不阻塞他的路而是引导其路,将他的牵挂还给他,让他自己的"能存在"发挥出来。"这种牵心……帮助他人于其牵挂之中,使自己对自己变成透明的,并且就由于这牵挂而成为自由的。"(SZ, 122)简言之,不真态的牵心是对于他人所需要的什么牵其心,而真态的牵心却是对这他人如何能够成为独立的和自由的而牵心。

这牵心的肯定性形态似乎可以作家庭关系比如亲子关系的解释。家长常常只牵心于儿女所需要的是什么,大包大揽,于是将子女挤出了他们自己该有的位置;与之相对,有生存智慧的家长会主要牵心于开启孩子的能存在能力,努力让这潜能发挥出来。前者是非真态的,而后者是真态的家式牵心。

这就引到另一个儒家与海德格尔共享的观点,即对

第2章 海德格尔与儒家哲理视野中的"家"

于他们来说,家有两种含义,用海德格尔的术语来讲就是,家可以是真态的或非真态的、真正合乎其自身的或不真正合乎其自身的。如同《形而上学导论》所言,非真态的家是一种以现成方式或平均方式存在的家,也就是《存在与时间》讲的那种"大家伙儿"(das Man)在日常状态里混世的"在家"(Zuhause)(·SZ, 188)。而真态的家或有"炉灶"之火的家,则是指那通过真态的无家状态而成为有家园者的家,它给予人类群体以历史的位置或居所。它就是存在本身,超出一切现成的存在者。

对于儒家而言,家的真切含义同样要通过回溯到不真实家庭的源头而被揭示。孟子说:

> 天下之本在国,国之本在家,家之本在身。
> (《孟子·离娄上》)

此引文中的"家"不是真态的或原本的家,[1]因此它要继续在"身"中找到自己的本。就此而言,儒家求道也有一个先经历"无家状态"的阶段,起码从形式上是这样。但这里讲的身不应该被视为个体的自我之身,而应被看作具身化的家庭人格,也就是包括我和家中的他人,首先是我的父母和子女的那样一个亲身。所以《孝经》

---

1 赵注和孙疏都认为这里的"家"指"卿大夫"之家。

强调:

> 身体发肤,受之父母,不敢毁伤,孝之始也。
> (《孝经·开宗明义》)

我的身体在其真切的意义上并不只属于我个人,而是属于整个家,也就是属于在我之前我的父母和在我之后的我的子女,因此我没有权利来毁伤它,而是必须珍爱它,实现出它的本性,使它挺立于天地之间、过去与将来之间。于是此经继续言道:"立身行道,扬名于后世,以显父母,孝之终也。"而立身的方式就是修身。《大学》主张修身者必须先"正心、诚意、致知、格物"。但儒家的修身与佛家、道家的出家修行不同的是,此修身所需的"正诚致格"仍然不离家根,所以似乎只关系到自己的修身,实际上却是一个归家和发现真态之家的过程。孔子在《中庸》里讲:

> 思修身,不可以不事亲。(《礼记正义》,1440)

而这"事亲",就是"格物"的原本内容。"不诚无物"(《礼记正义》,1450),"反诸身不诚,不顺乎亲矣"(《礼记正义》,1446),可见"顺亲"就是"物"。只有通过去"格"事亲、顺亲这种"物",才能致知、正心、诚意,也才能修身。

第2章 海德格尔与儒家哲理视野中的"家"

从一个角度看,家的本根在身,因为身是我与我的父母和子女之间原本的时空联系。从另一个角度看,身的根又在亲亲或慈孝这样的真态家关系中。所以,要返回到并在天地间建立此身,就要去经历亲子关系中的原本时间性和空间性,由此而揭示出家的生生道性。在这样一个缘发生的或"出神的"(ekstatisch)时间性(SZ,329)中,我们再-经历或回-忆那原发的家人亲亲之爱,并由此而得仁。"夫孝者,善继人之志,善述人之事者也。……事死如事生,事亡如事存,孝之至也。"(《礼记正义》,1438~1439)在这回溯到过去的孝爱中,我们摆脱掉或忘掉自己现在的小我和现成化的在家存在,以及附着于其上的众观念和存在者们,由此而进入那能延展到将来的诚的状态。"至诚之道,可以前知。……故至诚如神。"(《礼记正义》,1449)可见从哲理上讲,诚是孝爱化的修身所导致的君子仁人生存时空的原本化,必破除一切主客、内外的二元化割裂。"诚者,非自成己而已也,所以成物也。成己,仁也;成物,知也。性之德也,合外内[生存空间]之道也,故时[生存时间]措之宜也。"(《礼记正义》,1450)

我们由此而可理解为何孝被儒家视为仁之本,为何《大学》《中庸》要将平天下和治国的根本追溯到齐家,而又将齐家之本追到修身、诚意和格亲亲之物。总之,对于儒家来说,家的真义存在于原本之身里,而对此身的时机化("时措之宜"化的)修证和生存空间化的立于天地、内外之间,显露出亲亲孝爱的至诚中庸境界。此儒家讲的"诚"似乎在某些意义上对应着海德格尔讲的"大地",都是那让人摆脱因果算计和利害关系摆布的、拯救家和亲亲之物的真态境界的原发庇藏。"诚者物之终始,不诚无物。"(《礼记正义》,1450)尽管"诚"也被说成是"天之道",但在儒家乃至中华古代语境中,"天"与"地"在大多数情况下是相互依存的结合体,而与"人"相对。我们由此来理解这一段话:"诚者,天之道也;诚之者,人之道也。诚者,不勉而中,不思而得,从容中道,圣人也。"(《礼记正义》,1446)而海德格尔后期也几次讲到"天地神人"这"四相"的相交相遇,比如"桥是这样一种物。由于[它的]位置把一个场地安置在诸空间中,它便让天、地、神、人之纯一性进入这个场地中"[《海德格尔选集》(下),1201][1]。而儒家讲的亲亲之物里,也隐含着像"桥""壶罐""神庙"这样让它充分显露的技艺或艺术之物。

这就触及海德格尔与儒家的第三个相似处,即都认为必须在技艺或学艺中来显示和庇藏人类之家。它有助于说明孔子为何要选择"六艺"而不是别的什么东西,比如他自己的著作和学说,来教导学生,甚至避免从理

---

[1] 海德格尔:《海德格尔选集》,孙周兴编译,上海:上海三联书店,1996年。

论上来讨论他的学生们关心的一些大问题(《论语·公冶长》《论语·述而》《论语·子罕》)。孔子发现,那些通过修身在亲亲中实现出仁德的学生们,必"兴于诗,立于礼,成于乐"(《论语·泰伯》)。他自己就曾被诗乐打动到出神入境的地步:"子在齐闻《韶》,三月不知肉味。曰:'不图为乐之至于斯也!'"(《论语·述而》)"子曰:'《关雎》,乐而不淫,哀而不伤。'"(《论语·八佾》)《韶》是舜乐,而舜是因为在极度艰难情境中实现了孝爱而被尧选择的仁者圣君。《关雎》是《诗经》第一首,用兴发之诗境来呈现年轻君子、淑女间的动人爱情,象征着一个繁盛家庭的开端和君子之道。"《诗》云:'鸢飞戾天,鱼跃于渊。'言其上下察也。君子之道,造端乎夫妇,及其至也,察乎天地。"(《礼记正义》,1429)

五 儒家与海德格尔家观的不同处

尽管儒家与海德格尔在家与艺等方面有令人印象深刻的相似主张,但两者之间还是有一些不容忽视的重大区别。其中最紧要的一个就是,孔子和真实的儒者不会像海德格尔那样,认为是决断的个人或天才的诗人,比如做出了先行决断的安提戈涅和诗化了家园的荷尔德林,最终向人们揭示出真态之家的蕴意;而是主张,是实际的家庭关系和像孝悌这样的家化行为给出了家的真义。"子曰:'弟子入则孝,出则弟,谨而信,泛爱众,而亲仁。行有余力,则以学文。'"(《论语·学而》)艺虽然重要,但它必以家关系或亲子之爱为其源,将已在其中的出神之时和原发之诚扩展出来,让它们进入更广大精微的意识领域,从而使亲亲之爱达到最充沛的自觉性和最时中的自由实现。

儒家完全知道并强调,由于体制化环境中的人们很容易失去生存时间性和空间性的中极,如果不学艺的话,他们所处的日常生活中的家关系和家行为很难达到其真态的极致。所以,孔子告诫他的儿子"不学《诗》,无以言","不学礼,无以立"(《论语·季氏》)。但在儒家的视野中,这些艺与家庭关系的联系比海德格尔能够设想的要密切得多。比如,"入则孝,出则弟"已经是在实践和学习礼艺了。而且,由于儒家的生存时空化之艺与人的亲亲之爱这些天然倾向内在相关,一位儒者在学艺求仁的过程中,其处身情境能够是至高的快乐而不是个体化的恐惧和孤独。"子曰:'知之者不如好之者,好之者不如乐之者。'"(《论语·雍也》)这乐恰是真儒者或仁者的标志,因为他们进入了上下与天地同流的真态之家。

再者,对于儒家而言,真正的家并不首先活在海德格尔所谓的存在本身的层面上(GA 53, 150),而是作为一个特殊的存在者(Seiendes)生存于这个世界之中,能够被我们在日常生活中直接经验到。用海德格尔的语汇来讲,儒家是将家当成人类"存在于世间"(In-der-Welt-

第2章 海德格尔与儒家哲理视野中的"家"

sein）的首要缘在方式，而且在其日常生活中就可能成为真态的，赢得其最切身的存在本身。换言之，这家缘在或家庭缘在是一个原发的"大家伙儿"（das Man）或共存在，在它成为真态之际也还不是个体化的。

如前所示，海德格尔的确论及牵心的真态方式，一种与他人共存在的自由形态。我们甚至还曾假设牵心的两种肯定形态可以作家关系来理解。但那仅仅只是一种可能，要实现它需要实质性的改进，其中最重要的就是取消海德格尔在此所做的非真态的和真态的牵心方式的严格区分。真态的牵心是一种真态的牵挂（SZ, 122）。它不仅是朝向缘在的最自身的能存在，而且是一种要赢得个体化自由的能存在或先于其自身的存在（SZ, 122）。此种牵心在恐惧（Angst）中得到了更充分的表现。而恐惧对于海德格尔而言是一种自身情态，它将缘在"个体化"（vereinzelt），因此揭示其为纯粹的"可能存在"（SZ, 187~188）。它之所以能这样，是因为在它将缘在投回到其可能性上时，凭借其无对象、无关系的莫名恐惧，从缘在那里取走了一切通过世界和公共维度而理解自身的东西（SZ, 187），由此而对缘在表明：它在选择它自身和保持它自身时是一种"自由的存在"（Freisein）（SZ, 188）。

对于儒家来说，这种以个体化的自身独立和自由为前提的真态牵心是可疑的，或不真正可能的，因为在实际生活的家经验中，严格地区分什么是他人（比如一个小孩子)需要的和这个他人如何能成为独立自主的,是不可能的。要让一个小孩子独立,父母必须提供它所需要的东西;而要提供真正需要的东西,父母又必对这孩子本身而不是大人们所认为的"需要什么"有所了解。反过来,也只有在提供它需要的东西——无论是物质的东西还是精神的东西——的过程中,父母才能真正知道孩子的独立需要如何引导。的确有愚笨的父母和聪慧的父母之别,但这并不是将孩子当作个体化的他人还是非个体化的他人的区别,而是把握生存的时-空能力的问题,因为父母和幼小子女的关系首先是真真实实的原发共存在,而非个体间暂时共处的契约存在形态,尽管这共存在方式依不同的时间(如孩子的年龄)和空间(孩子所处的环境)而有多重变化。反过来,理解子女照顾父母的关系,也就是相对于慈爱的孝爱经验,也是一样的,其中供养(满足父母的物质需求)与敬顺(尊重和顺从父母的心意)乃至几谏(不伤害亲情的微妙劝谏)也不是能够严格分离的。

因此,在儒家看来,海德格尔谈到的真态的社团式共存在,比如前期讲的真态的牵心团体、缘在的真态历史化形态(SZ, 385),后期谈及的民族的历史家园,比如古希腊的和德意志的(GA 53, §22),也还都不是最原发的共存在或共同缘在。它们是出自个体(们)决断地"投入共同事业"(SZ, 122)而形成的一个具有共同命运感的团体(SZ, 384),或得到伟大诗人的启发,在凭借自身来思想自己本身的精神里所赢得的"共通精神"(gemeinsame Geist)和历史"命运"(Schickliche)(GA 53, 158~159)。海德格尔在30年代前期与纳粹合作,甚至幻想以这种"荷尔德林为德国人说出［的通过真态的无家］成为有家园者的法则"(GA 53, 170, 155)来改造和提升纳粹,为德国、西方乃至人类找到其历史家园。其失败的最主要原因与柏拉图政治活动的失败原因类似,就是这种"民族的历史家园"的根基处没有真的家,有的只是在精致的"共通精神的思想"(Des gemeinsamen Geistes Gedanken)(GA 53, 158)中形成的形而上学精神化的团体,比如宗教团体、政治团体。靠这些伪家是找不到能够让民族和人类诗意栖居的大地与家园的。

正因为海德格尔思考缘在的真态生存的个体主义观点,他没有注意到或有意地忽视了这样一个关键的事实,即安提戈涅的"在无家状态中成为有家园"(GA 53, 147)的历程的起点,也就是那"不成文的神圣箴言"(GA 53, 145)所强调的,是她与亲兄长之间家庭关系的神圣性。

儒家认为家必须有它自身的血脉或具身化的生命。这是指,家不仅要像海德格尔主张的那样,在其共通的中心有精神上熊熊燃烧的"炉灶",而且要有父亲、母亲、儿子、女儿、兄弟、姐妹等等,特别是要有"亲亲"的亲人关系在其间,使他们能够"在存在论的意义上"围聚在炉灶旁,形成一个实际的和活生生的家庭。而且,在日常生活中的家庭也不必然只是一个现成化的、实用称手化的或非真态牵心化的存在者,永无成为真态之家的可能。相反,儒家看到,只有活生生的家庭才能使真态的家和诗意的历史栖居可能。当然,需要礼乐等儒艺的教化和历史情境中家庭成员的奋发修身才能齐家,但没有活的家作前提,只指望"通过真态无家来成为有家",那就会让这无家状态——不管是非真态的还是真态的——总占据主流,而为民族和人类寻找历史家园也就永远是一桩处于漫游之中的等待事业了。让儒者感到极大遗憾的是,海德格尔在发现和精彩地分析了如此众多的缘在存在方式,包括"家存在"或"家园存在"的同时,居然"遗忘了"或漏掉了具身化的家庭存在这个使人成为人的最原发的缘在形态。在这方面,倒是列维纳斯走得更远,有更深入些的探讨。海德格尔做出的"存在论的区分",即不要将存在者错当作了存在本身的区分,可以被反过来表达一下,即,不要将纯粹的存在本身错当作了这个世界里的原发存在者。

儒家完全承认并看重有创造能力和诗性能力的贤圣思想者,像尧、舜、周公、孔子、孟子等等,在为一个家族、人群、民族乃至人类找到真态之家或历史栖居地方面的不可替代的角色;但同时又坚持,任何儒者的追求必始于和终于家关系,而不是只从个体化的真态方式上得到激发,因这家关系并不限于道德意义,而是意识发生和存在发生的结构。海德格尔讲到的那些真态的缘在方式,比如

"朝死存在""愿意倾听良知"和"先行的决断",都可以充分展现于实际家庭或家族的层面上。比如"朝死存在"的经验完全可以不限于"最独自的、无关系的"(eigenste, unbezügliche)(SZ, 250)个体化维度,而被家庭和家族最痛切地体验到。在父母和子女的原本意识视野中,朝向对方的死亡一样是"不可超过的"(unüberholbare)终极体验,其恐惧和开启力绝不小于面对自己的死亡,因如前所说到的,他们本属于一个家身体,血脉和痛痒直接相通。"孟武伯问孝。子曰:'父母唯其疾之忧。'"(《论语·为政》)它包含的意思是,父母担忧牵挂于子女的身体要甚于自己的身体,所以孝子孝女照顾好自己的身体,不使有疾病,就是一种尽孝的方式。很明显,这身体也包括生与死,所以在原本的亲子关系中,父母或子女面对对方死亡时的感受深度绝不次于面对自己的死亡。"子曰:'父母之年,不可不知也,一则以喜,一则以惧。'"(《论语·里仁》)喜是因为父母年长了,生命延长了;惧则因其年迈了,接近死亡了。这"父母之年"就是一种真态的时间,其时机化(Zeitigung)牵挂着子女之心,引发着良知和决断。没有这种家化时间性的感受,个体决断和诗人创作开启的时间和历史家园就是无根的。

总之,海德格尔对于家的探讨属于他的主导思想,即他关于存在意义的思想。从中可以看出,存在论意义上的家进入了西方的哲理视野。而在中国古代哲理中，与家相关的一族思路和术语，比如阴阳、男女、父母、父子、兄弟、孝悌等等，一直占有核心地位，代表着不同于西方传统哲学二分化（dichotomy）的另一种方法，即二对生（genesis in complementary opposites）的思想方法。尽管海德格尔的家哲学还主要是一种"存在之家"，而不是血脉之家、亲情之家、父母子女之家，但它让我们看到了西方哲学是如何"想家"的、"怀乡"的；更让我们看到了中国古代哲学与西方哲学发生实质性交往的一个场所，一条充满诗意的返乡之路。而且，它还可以让中国的哲思者更清楚地察觉到，自己祖先哲理的最为独特之处，不止在于家道，也就是那条以家为根的天道，还在于他们对这家的理解方式，即直接可经验的亲子一体的方式。"亲亲"不只是心理的，也是身体的；不只是私人的，也是伦理的、公共的乃至超越的。此所谓"亲亲而仁民，仁民而爱物"（《孟子·尽心上》）；此所谓"太和纲缊，凝结此身，其始之生也，以孝、弟、慈而生，是以其终之成也，必以孝、弟、慈而成也。……看着虽是个人身，其实都是天体；看着虽是个寻常，其实都是神化"（《罗汝芳集·近溪子集》，第134页）[1]。

---

[1] 《罗汝芳集（上）》，方祖猷、梁一群、李庆龙等编校整理，南京：凤凰出版社，2007年。

第二部分

家－孝与人性

第 3 章

家庭和孝道是否与人性相关？
——对于新文化运动代表的反家思潮的批评

一百年前的1915年，《新青年》创刊，开始称《青年杂志》。自此新文化运动渐成大势，领时代风骚，超越左右之分，塑造了整个中国的现代意识形态，所以此运动不可谓不深刻不重要，尽管它的许多具体立论从思想严格性的角度看很成问题。《新青年》共出版九卷，从第八卷起，就成为了中国共产党上海发起组的机关刊物。1921年中共成立，此刊一度是其机关刊物。由此又可见，尽管此刊以批判中国文化传统为共同支点，它的重要写手各派皆有，当时或日后多名噪一时，但它的真正走向却是从文化激进主义到政治激进主义，进而构造出更彻底的文化激进主义；也就是说，它从反传统的思想冲向那种特别能在现实中破旧立新的政党、政体和领袖，然后在1966年开始的最彻底的反传统文化运动中向一切旧东西宣战，"造反有理"。《新青年》之"新"引领着20世纪的中国，使之新到让不少当初的革命者也要"告别革命"的地步。而另一方面，即便像胡适、傅斯年那样的右派们，以及承续他们反传统路线的右翼人士们，实际上也参与了它的造就，并不能站在外边来说风凉话而不自省。

十几年来，中国大陆出现了一个新左派的群体和思潮，令人惊异地发出"儒家社会主义"（甘阳）式的口号。20世纪的革命依然受到尊重，但却要从根本上调整它的文化方向，以便参与到中华民族崛起的过程中。但这近一个世纪的革命与传统的对立依然有其分量，如何说清它、解释它依然是挑战性问题，特别是当它涉及现在要讨论的这类深层命题时，更是如此。

总之，无论是左派、右派和儒家，都不能不正面反省这个新文化运动，以便认知自己在中国的身份，无论是过去的还是将来的。现代中国里，孔子精神死了。套用尼采《查拉图斯特拉如是说》的话式，我们可以问道：是谁杀死了它？一个疯子的清醒声音高喊：是我们大家一起杀死了它！今天，有人为自己在"文化大革命"中的行为公开忏悔，但是，有人会为导致这场文化革命的文化运动忏悔吗？有人会为污损了中国家庭乃至人类家庭而忏悔吗？

下面要展示新文化运动对亲子关系和家庭的基本观点，论证它导致的思想后果，然后力求正面地回应之，包括将它加以深刻化后再加以回应，说清楚那种观点为什么在根极处是不对的。

第3章 家庭和孝道是否与人性相关？

一 新文化运动反家思潮的前身和影响

鸦片战争之后，西方对中国的影响逐渐造就了一个反对中国式家庭乃至反对人类家庭的倾向，到新文化运动达到它的最鲜明和自觉的阶段。传教士影响下的洪秀全主张在天父上帝面前，没有家庭造就的亲疏之分，"天下多男人，尽是兄弟之辈；天下多女子，尽是姊妹之群"（《原道醒世训》）。所以，他在《太平条规》中规定官兵分成"男营女营"，严禁夫妻同居。在条规有效的很长时间内，实际上取消了太平天国军队内部的婚姻和家庭生活。康有为的《大同书》，其要旨在毁灭家族（梁启超语），设想在最高级的社会中完全没有家庭的大同状况。谭嗣同的《仁学》激烈跟进。到晚清时期，革命活动伴随着对家庭革命的鼓吹。

陈独秀于《新青年》第一期，即《青年杂志》首卷首号上刊登纲领性文章《敬告青年》，其中写道："固有之伦理，法律，学术，礼俗，无一非封建制度之遗。"（《青年杂志》一卷一号，第3页）[1]于是在《吾人最后之觉悟》中主张："盖共和立宪制，以独立、平等、自由为原则，与纲常阶级制为绝对不可相容之物，存其一废其一。倘

---

[1] 《青年杂志》第一卷第一号，上海：群益书社，1915年（民国四年）9月15日。此刊从1916年9月1日出版的第二卷起，易名为《新青年》。

于政治否认专制，于家族社会仍保守旧有之特权，则法律上权利平等、经济上独立生产之原则，破坏无余，焉有并行之余地？"（《青年杂志》一卷六号，第4页）陈独秀认为中国的家庭或家族伦理，全是封建制度之遗物，要建立新的共和立宪制，就必须铲除这种家族社会。他这里将家族制说成是"纲常阶级制"，混淆了中国纲常说中如父子、夫妻这样的角色区别与西方的阶级划分。而后来，恰恰是他创立的政党最主张阶级斗争理论。

紧跟此论，吴虞在《新青年》第二卷第六号发表《家族制度为专制主义之根据论》，后来又作《吃人与礼教》，大呼"我们如今应该明白了！吃人的就是讲礼教的！讲礼教的就是吃人的呀！"（《新青年》六卷六号，第580页）而署名唐俟的作者，即鲁迅，在《我们现在怎样做父亲？》中，力论"父子间没有什么恩"，理由是："饮食的结果，养活了自己，对于自己没有恩；性交的结果，生出了子女，对于子女当然也算不了恩。"（《新青年》六卷六号，第556页）而傅斯年则在《新潮》首期刊出《万恶之源》一文，指"中国的家庭"是万恶之源，因为它压抑年轻人的个性，"咳！这样的奴隶生活，还有什么埋没不了的？"（《启蒙思潮》，第68页）[1]

---

[1] 引自《中国近代启蒙思潮》中卷（简称《启蒙思潮》），丁守和主编，北京：社会科学文献出版社，1999年。

这些对中国家庭、人类家庭及亲子关系的讨伐、贬损，甚至谩骂——傅斯年："想知道中国家族的情形，只有画个猪圈。"（《启蒙思潮》，第69页）——并不只是几个过激文人的一时言论，它们产生了长远的、不可逆的历史后果。大量批判所谓旧式家庭的文章、小说（巴金的《家》《春》《秋》只是最著名的代表），将热血青年们鼓动得纷纷离家干革命，而民国和1949年后的婚姻法也起码部分地体现了"新青年"的家庭诉求。到1966年的"文革"，新文化运动的反家思潮达到它的最锋利形态，不知多少家庭被阶级斗争撕裂，骨肉相残、夫妻反目，比比皆是。改革开放以来，经济的商品化和全球化，正在以另一种形式摧残家庭，孝道不再、离婚平常等现象，与新文化运动不能说没有某种即便遥远但却内在的关联。

二 从批判中国家庭到否定人类家庭的自身合理性

新文化运动的诸君几乎都是文化上的崇西厌华者，所以他们批判中国家庭，往往要举西方人的个体契约式家庭为对照，认为后者尊重个体，所以从质上更佳，前者则被说成是压抑个人自由发展，因而低劣得死有余辜。到今天，情况已经比较清楚，他们主张的个体自由并不会止步于自由结合建立的家庭，而更要进一步实现超真态家庭的自由，比如同性组成家庭的自由，甚至是破坏家庭的自由,像随意离婚——同时意味着伤害幼小子女——的自由、单亲家庭的自由、不结婚只同居的自由、不要后代的自由等等。可见贬低中国式家庭,并不只是个文化批判的问题,也不只是个要让家庭形态随社会变迁而改变形式的问题,而是个势必陷入攻击家庭本身的合理性的问题。就此而言,那时一些"顽固"保守派的预言并没有错。因此,像鲁迅《我们现在怎样做父亲?》一类的文章和思想就一定会出现,从根本上否认亲代对子代的恩情,认定家庭和后代养育只不过是性冲动发泄的后果而已。换言之,家庭、亲子关系没有自身的或人性的依据,因为性欲是我们与其他动物分享的东西,这样也就为接受马克思主义的家庭论——人类历史首尾无家庭——打开了思想空间。由于它论证的人类开端和最高级阶段,即人性在其中得到充分实现的阶段,无家庭可言,这实质上就是在断定人类的本性是非家的或无家的;尽管马克思主义主张人是社会关系的总和,没有抽象的人性,家庭这种社会制度要随生产方式的改变而改变,但由于生产方式在最高级的共产主义达到最大的合理性,所以他毕竟是在家问题上对人性本身下了某种断言,起码是否定性的断言。

此论1949年后便成为国家主流意识形态,直到今天,可见新文化运动的反家思潮会涌向何处。由于它以及它依傍的西化现代性,以家为源头的儒家和相关的家文化在中国兴盛了几千年后,必要衰微,而且这种衰微的急剧,超出了一般意义上的西式现代化对传统和家庭的破坏程度和速率。独生子女政策居然能在中国这么一个曾以"无后"为大不孝乃至最悲惨事的国度盛行,可见此新文化成功到了什么程度,中国已经被它新到了什么程度。

三 亲子关系有恩义和道德可言吗?

因此,现在的主要问题不是中国式的家庭是否应该存在,而是家庭本身和亲子关系本身是否能超出时代而具有人性的根据。什么是家庭?本文对"家庭"一词的使用,就其核心的意义而言,是指男女夫妻正式(即有群体认可)结合并生育、养育后代所构成的基本生存单位及其世代延续。它可以有多种变体,比如也可以由父母与收养的子女组成,还有扩大的家庭,像几世同堂的大家庭,乃至由多个家庭组合成的家族。鲁迅等人坚持的"生物学的真理"(《新青年》六卷六号,第557页),即亲子关系只是由亲辈的性欲冲动造成的,所以亲于子无恩可言,子于亲无孝敬的道德义务可尽,忽视了一个亲子关系中的基本事实和要素,即父母于子女不只是生产,还有养育,因而有养父母可言,这就更不能还原为性欲冲动了。

父母生养子女有无恩情可言呢？这涉及：父母生养子女是否是被生物的或其他的外在力量决定的；父母在未得到子女同意的情况下就生养他们，是否能算有恩于斯。

先考察养育的情况。即便考虑的是亲生父母，他们是被生物本能决定了要养育他们的孩子吗？不是的。如果我们可以说其他动物的养育主要是本能决定的话，那么人类这种有深长的时间意识和由此而来的选择能力的存在者，虽然确有养育自己子女乃至他人子女的本能，但不尽然。历史上，当出现困难情况时，或由于重男轻女文化的影响，都有过弃婴或送人他养的现象。而今天在不利于家庭的经济和文化氛围中，我们看到不少人不养育自己亲生的子女，比如甩给父母去养，为他人代生而不养，抛弃女婴病婴不养，等等。乔布斯就是被父母弃养的孩子。所以，父母养育子女的确有选择可言，而子女的生命和生存状态就与这选择有关。此外，在今天有普遍可靠的避孕方法的情形下，一些人为了躲避养育子女之烦苦和各种付出，选择不去生育，或不去更多地生育，却也可满足性欲。由此更可见养育是亲代对子代的有意识的重大付出，怎能说无恩可言呢？不能因为"一个村妇哺乳婴儿的时候，决不想到自己正在施恩"（《新青年》六卷六号，第557页），就在义理上断定这哺乳无施恩可言，就如同不能因为强奸者不想到自己正在施暴，就断定他没有施暴。

历史上的人类生产子女是不是只能归于生物本能呢？

看来不能。与其他动物不同，人类终年都可以有性活动和怀孕，可是在形成人性的漫长远古时期——它占人类史绝大多数的时段——中，因为以打猎和采集为生，人类生育子女要有四五年的间隔，否则难于养活。如果这个人类学发现的事实是成立的话，那么就必有对生育子女的选择，不管是以某种方法避孕，还是弃婴。历史学家已经认定，罗马帝国的人们是知道并实行避孕的。现代避孕药的发明者卡尔·杰拉西在《避孕药的诞生》一书中写道："男人和女人只要还在造孩子，他们就一直避免生孩子。"从古代的埃及到波斯、中国等等，都有各自的避孕方法，只是有的有效，有的无效甚至有害而已。[1] 可见人类的生产后代，从来就不是完全被动的，一个人具有生命，不是无所谓的偶然，其中确有父母和祖先的赐予。

另有一种在西方流行的观点，与上面那种认为父母生孩子完全被动的论证恰成对照，是根据子女对于自己的出生的被动，来否认父母于子女有恩。让我们还是从鲁迅的文章开始。鲁迅在那里引用了易卜生戏剧中的一句话，发自一个从父亲遗传了先天梅毒的患者之口。他在病情发作时，要母亲给他大量吗啡以自杀，于是对母亲说："我不

---

[1] 以上关于避孕的某些事实，可参考互联网上《〈时代〉周刊梳理人类避孕史，时间跨度长，方法千奇百怪》一文，见 http://www.guancha.cn/Science/2015_02_05_308696.shtml。

曾教你生我。并且给我的是一种什么日子？我不要他！你拿回去罢！"（《新青年》六卷六号，第558页）就其与我们所讨论的问题而言，这段话可以有两层意思：一是你生我或父母生子女未得子女同意，所以子女并不应为自己的生命向父母感恩；二是你给我的这个生命不健全、充满痛苦，所以你们不但于我无恩，而且有负债。

对第二层意思，可以这样回应，即一方面，如果父母明确知道自己会遗传给子女某种造成根本性痛苦的东西，则父母有责任去避免生育或修正之后再生育；但另一方面，父母在绝大多数情况下可能不知道或不清楚地知道会遗传给子女什么，这就不能埋怨父母了。父母几乎都希望子女健康、幸福，但总有少数不那么健康，或有些在后来的人生中，按照一般标准不那么幸福，尤其是生长于乱世的人们。但谁能对什么是健康和幸福下一个绝对有效的定义呢？自古以来，中外的哲人们就观察到，人生的苦痛和幸福不是现成的，可以依情势和自身的修为而变化，乃至相互转化。"祸兮福之所倚，福兮祸之所伏。孰知其极？其无正也。"（《老子》58章）我出身于一个开过建筑公司的知识分子家庭，在我少年和青年时期，因为父亲的成分或"问题"，一直受到歧视。但我应该为此埋怨父母吗？后来改革开放，我考上大学，能够从事我喜爱的事业，等等。我这时应该为这些来感谢父母吗？埋怨父母是不对的，因他们只想给我们好的生活；感谢父母总是对的，因为我们的感激并不依靠自己生活的外在遭遇,而是因为这个生命、意识和自由意志的存在本身,还因为这个存在所具有的时间性和历史性的根本视野,即我对自己人生意义的判断不仅限于我这一生,还从根本上涉及未来的世代和以往的世代。即便我生于乱世,终生悲惨,或为奴,或是阶级敌人的子女,但我为了家族的延续,还是能感到人生的意义,因为我并不只活在当下,还以希望的方式活在未来。

　　第一层意思的深化形态得到过更多理论上的关注。康德在《道德的形而上学》中就主张,由于父母未得子女同意就生下他们,所以有责任无偿地将他们抚养到成人,也就是具有了自由意志和完整人格的时候,之后亲子之间就没有了天然的联系,他们还要来往,就是契约关系了。所以父母抚养子女到成人,并无道德上的理由来要求子女偿还。[1]而当代美国学者简·英格莉施在《成年子女欠他们的父母什么?》一文(发表于1979年)里,提出了类似的论证。她区分了"造成欠债的恩惠"和"没有这种欠债的友谊"。一个人(甲)如果对另一个人(乙)做了有益的事,比如当乙的车抛锚时,甲用自己车上的电池帮助乙重新启动了车,那么以后当甲遇到同样的或类似的困难时,乙有

---

[1] 关于康德这个观点的更详细讨论,可参见敝文《康德论亲子关系及其问题》,载于拙著《德国哲学、德国文化与中国哲理》,上海:上海外语教育出版社,2012年,第49~61页。

没有道德上的责任或义务帮助甲,以图回报呢?英格莉施认为这取决于当初乙是否请求过甲帮忙,如果在乙的请求下甲及时提供了帮助,那么乙就从道德义务上欠了甲的情,以至于今后在类似情况下有道德义务来回报。但如果当初乙没有请甲帮忙,甲自觉自愿地对乙做了好事,那么乙就没有道德义务来回报。如果乙选择回报,也只是出于两人在这件事中建立的友谊。乙选择不回报,也没有道德上的亏欠。英格莉施就用这个区别来论证子女并不从道德义务上欠父母什么,因为他们当初没有请求父母生下他们。

两位华裔学者,即王庆节和李晨阳,反驳了英格莉施的论证。主要是批评她的例子有局限。如果甲在乙不在家和不知情时,救灭了乙家的大火,拯救了里边的小孩,你能说乙不从道德责任上欠甲的情,以至于当以后甲的家遇到灾害,乙有义务以力所能及的方式来努力解救以图回报吗?王庆节还指出,子女在父母生育自己时没有做过选择是个伪论证,因为要让这个论证成为真实的,情况就应该是:子女本来有这个选择,但被外力比如父母或其他因素剥夺了。可是,由于子女那时还不存在,根本就没有这个选择的可能,那么说子女没有对自己的出生做过选择并从中引出一系列结论,就无意义可言了。[1]

---

[1] 有关的介绍和文献出处,请见上面列举的文章,即《康德论亲子关系及其问题》的末尾部分。

我同意这样的反驳。由此看来，无论就哪个角度看，无论怎样深化那些粗浅的论辩，鲁迅代表的《新青年》对亲子关系道德性的否认，都是站不住的。

四 夫妇和亲子关系有人性依据吗？

再向深处延伸，马克思主义所依据的摩尔根的论断，即在人类早期有过一段无婚姻、无家庭的杂交时期，或所谓"共夫共妻"的时期，是成立的吗？20世纪人类学的大量调查否证了它。看来摩尔根是对印第安人等部落中的亲属称谓做出了不符合实际的解释，于是推想出了那个无家庭的时期。从当代人类学教科书、研究专著和相关论文都可看出，现在的人类学界对此已达成这样的共识，即尽管人类的家庭形式、亲子关系的格局多种多样，但人类一直就有某种家庭，从来就没有过完全无家庭的无母无父的混交时期，尽管血缘父亲的角色有时可以被舅舅替代。在同一时期的不同人群里，可以同时存在多种不同的家庭形式。用列维-斯特劳斯和写《家庭史》的法国学者们的话来讲，就是家庭在人类社会的长河中都是存在的；它与语言一样，是人类存在的一个标志。

当代人类学家科塔克在《人类学：对于人类多样性的探讨》中写道：

> 人类从自己出生社群（group）之外的社群中选择性伴侣，因此夫妻两人中至少有一个是外来的。然而，人类终生都与儿子们和女儿们保持联系。维持这些亲属和婚姻联系的体制造就了人类与其他灵长类的主要区别。（*Anthropology*, p.84）[1]

从自己的社群如家族、氏族之外娶亲，意味着有乱伦禁忌，也就是禁止与本家庭和本家族的人通婚。而有乱伦禁忌，就意味着有了建立家庭的某种秩序，有了家庭、家族和明确的亲子关系。《礼记·郊特牲》曰："夫昏[婚]礼，万世之始也。取[娶]于异姓，所以附远厚别也。……男女有别，然后父子亲。父子亲，然后义生。义生，然后礼作。礼作，然后万物安。无别无义，禽兽之道也。"乱伦或这里讲的男女无别会打乱家关系，导致父母，特别是父亲与子女的关系被模糊和顶替。而男女有别则会突出夫妻和亲子关系（此论点在以下第6章中有讨论）。

乱伦禁忌只出现于特定的人类阶段还是覆盖了全部人类史？以上的讨论已经回答了它，以斯特劳斯等人类学家为代表的20世纪主流观点肯定了后一种判断，而巴

---

[1] Conrad P. Kottak: *Anthropology: The Exploration of Human Diversity* (twelfth edition)（简称"*Anthropology*"）, McGraw–Hill Companies（中国人民大学出版社与McGraw–Hill出版[亚洲]公司合作出版), 2008。

霍芬、麦克伦南、摩尔根、马克思、恩格斯等主张前一种选择，看来是不成立的。[1] 接下来的一个问题是：乱伦禁忌是后天文化造就的还是与人的自然天性有关？国际学术界在大约半个世纪前，还是前者的主张占上风，威斯特马克[2]代表的后一种观点即乱伦禁忌与人的天性或天然生存方式相关，则处于劣势。但这半个世纪中的几次相关调查——关于人类近亲繁殖的生理危害性的调查，关于动物中缺少近亲繁殖的调查，关于台湾童养媳的调查，关于以色列吉布兹中从小生活在一起的男女长大后相互少性趣的调查等——扭转了这个局面。[3] 现在，威斯特马克的观点起码获得了它应享有的尊重和分量。总而言之，至今的研究达到的比较可信的结论是：尽管乱伦禁忌的表达形式与文化相关，但它的普遍存在本身不只是文化构造的，而是有着人类生理、心理上的依据，或这个意义上的人性依据。著名的"威斯特马克效应"即从小生活在一起的男女孩子，长大后相互缺少性兴趣，

---

1 参见吴飞的待刊稿《天伦人叙——形质论传统中的家国焦虑》（将于北京三联书店出版）第一、二部分。

2 威斯特马克：《人类婚姻史》，李彬、李毅夫、欧阳觉亚译，北京：商务印书馆，2002年。

3 参见 *Inbreeding, Incest, and the Incest Taboo: The State of Knowledge at the Turn of the Century*, ed. A. P. Wolf & W. H. Durham, Stanford, California: Stanford University Press, 2005。

就可以看作是人性和文化的共构,而这共构所依据的天然机制就是家庭。

正是家庭使得在某些动物中已经存在的乱伦规避成为制度性的东西,被某些学者如斯特劳斯认为是人类制度的起源。所以家庭是有生理和基本心理基础的,比如男女有别或乱伦禁忌就有生理和心理依据,但同时又深受文化和时代的塑造,而这正是人类的特性之一,即一种自然化的文化和技术的存在形态。多中涵一,一融于多。它不是绝对的超越之一,因而就不会没有例外。人类如此巨大的头脑和深长的时间意识,按动态结构化的概率来思维,[1] 在几乎任何层次上都可能有例外,但主导的、跨越历史的倾向或所谓的"本性"——"天命之谓性"(《礼记·中庸》)——也的确在持续地呈现和被构成。因此,人类社群中这种主导的乱伦禁忌和威氏效应(Westermarck effect),都不会没有例外,比如近亲没有从小生活在一个家庭里,在性成熟后再见面,就可能有乱伦的性冲动;有的文化中和特定时候里养老倾向被侵蚀。在如今这样一个非家庭化的新新时代,此种例外当然会大量增加。但只要我们还是现代智人这样的人类,它们就不可能从根本上摧毁家庭的人类特性。

---

[1] 现在认知科学中有这样一种倾向,即通过英国18世纪数学家贝叶斯(Thomas Bayes)所发现的搭配和计算概率的公式(贝叶斯公式)来说明这种思维的特点。

第3章 家庭和孝道是否与人性相关？

以上科塔克那段引文的后一半，即"人类终生都与儿子们和女儿们保持联系。维持这些亲属和婚姻联系的体制造就了人类与其他灵长类的主要区别"，表明了另一个重要事实，即只有人类才有终生的亲属认同和联系，而离人最近的野生黑猩猩都没有它，由此亦可见家庭对于人类的原本性和独特性。所以，不像其他猿类，人类有家庭内的男女分工和对老人的供养（*Anthropology*, p.83）。

这也就意味着，家庭是个完全意义上的有机体，每个人在其中实现自己的角色，没有哪个人是自足的、完全独立的。这样，儒家讲的男女有别和亲慈子孝，就获得了更丰富和内在的意义。黑猩猩除了有少量的猎肉分享外，大部分时间都是单独觅食或母亲带孩子觅食，而人类则似乎向社群动物"退化"，合作与跨时间的相互供养成了主流。

人类夫妻关系也是独特的。它的主导形态既非严格的一夫多妻（像大猩猩），也非严格的一妻多夫、一夫一妻（某些鸟类，如企鹅），亦非有近亲规避的群内乱交（像黑猩猩），而是在多个男性存在的群体中的有弹性的一夫一妻制。为什么人类会有以上所说的这些家庭属性呢？除了其他原因如形成夫妻家庭结构的"猎人丈夫说""男猎人竞争女人说""保镖说""金屋藏娇说"等等[1]之外，

---

[1] 有关出处和解释，可参见下一章。

一个关键性的事实是人类婴儿出生时的特别不成熟。由于人类改为直立行走，骨盆的结构就限制了产道的开口，而前肢变为手臂，使用更多工具，刺激大脑和头颅的扩大，这样就导致人类女子生孩子的艰险，胎儿必须在相比于其他哺乳类是极度不成熟的情况下出生，由此也导致人类抚育后代成年的漫长和艰难。在这种情况下，没有"父亲"，采集和打猎群体中的母亲就很难养活婴幼儿，特别是一个以上的幼儿。男女分工则会增加群体的育儿能力，比如采集为主的妇女可以在住处附近活动，便于同时照顾孩子，而肉食对群体的营养也是重要的，有效的打猎要求更强的体力和技巧。被哺育的幼儿的大脑还远未发育完全，这样它与父母亲的后天接触就有了先天的维度，它（他或她）的早年经历就从根本上塑造了它后来的意识结构和终生行为，以至于能够形成关于这种经历的显性或隐性的长期记忆。由此，父母的养育之恩就可能被成年后的子女意识到，从而形成回报意识。

从全局看，正是生养孩子的特殊困难逼迫人类发展出更深长的时间意识，以记住过去的知识、经历，有效地筹划将来、实施预想。于是，这人就懂得更精细的权衡，能够更悠长地计划和回报，由此而有伦理和道德感，乃至美感和神圣感。他也就成为了一个完整意义上的人。所以孔子讲："仁者人也，亲亲为大。"（《礼记·中庸》）儒家的全部学说的根子，就扎在这使人成为人的亲亲而人–仁里。由此看来，构成家庭的夫妇和亲子关系既不是单由性欲造就，也不只是文化造就，而是与人类的时间意识本性内在地关联着的，新文化运动对中国家庭和人类家庭的糟蹋，正是对人性的糟蹋。

第 4 章

孝道时间性与人类学

要探究孝道的哲理根基,必先晓得它与人性的关系,因为这孝道的哲学问题首先就是:它是人性的表达还是仅仅因后天的文化和教育形成的?而我们对人性的认识,相比于以往两千多年,在 20 世纪有了重大变化。除了生物学(比如基因学说)、心理学特别是弗洛伊德潜意识心理学、文化社会学和欧洲大陆哲学(如现象学、结构主义)等之外,造成这变化的一个重要动因是人类学及相关学科的新发展。比如,由于人类学的新发现,我们现在已不能再将能使用工具、有反思意识、会使用语言符号(而不是具有发声语言)等特点看作是人类的独有特性了,我们也不能再受摩尔根的影响,断定人类本性与家庭没有必然关系了。

但我们也知道,与人类本性相关的话题,在某些方面是相当敏感的。比如,主张人类本性受到种族基因的影响，或者说人性与性别——不管是异性性别还是同性性别——有某种内在关系，都可能受到激烈的、超出纯学术的批评，甚至谴责。人类学与我们的切近还可由威尔逊（Edward O. Wilson）1975年出版《社会生物学》引起的轩然大波窥见，[1] 它引发的抗议和近乎政治运动的争论，除了因为这本书的最后一章以讲其他社会生物物种的方式——基因、性别关系、社团结构等——讲到了人类的特性（《社会生物学》，第27章）[2]，还由于这位科学家表露出了对于我们这种人的"过时"性的不满，认为"它是为了部分地适应那消逝了的冰河期而草率形成的"，所以今天的人类或许应该"朝向更高的智力和创造性而坚决推进"[3] 自身的改造。而这种要从根基处改造人类或人性，而使人"进化"到"后人类"的危险主张，甚至成了某种意义上的科学规划或科学实践的主导目标。[4]

1　参见爱德华·威尔逊的自传《大自然的猎人——生物学家威尔逊自传》（杨玉龄译，上海：上海科学技术出版社，2000年）第17章《社会生物学大论战》。

2　爱德华·威尔逊：《社会生物学——新的综合》（*Sociobiology: The New Synthesis*）（简称《社会生物学》），北京：北京理工大学出版社，2008年。

3　Edward O. Wilson: *On Human Nature*, Cambridge & London: Harvard University Press, 1978, p.208.

4　参见何传启：《第六次科技革命的机遇与对策》，载于《第六次科技革命的战略机遇》（何传启主编，北京：科学出版社，2011年8月）。它列举了10个"第六次科技革命的主要标志"：（1）信息转换器：实现人脑与电脑

第4章 孝道时间性与人类学

可见，人类学以及会重新塑造人性的科技都不止于知识和技术了，它们与我们对于人性和孝道的理解、估价越来越直接相关。关注人类本性和人类命运的哲学家们，已经越来越付不起忽视它们的代价了。如果现在我们处于两三百万年前，同时有四种或更多的人族（huminin）和人属（genus Homo）存在（*How Humans Evolved*, p.253）[1]，或十万到四万年前，同时有起码三种人——智人、尼安德塔人和亚洲的某一种，比如弗洛勒斯人——那么当我们谈论"人性"时，就不会那么容易地"先天而天弗违"，或那么想当然地下定义了。如此一来，签订"人权公约"，也就要难得多，哲学与人类学就更难于分开了。同理，高科技和相应的文化、政治经济学正在构造新的人属，我们那时将降到进化表的第二级。这岂不是个更根本的形而上学的问题吗？

"草色遥看近却无。"人类学、灵长类学、社会生物学甚至生物学这些学科与哲学的内在关联，有时要到"遥

（接上页）之间的直接信息转换，引发学习和教育革命；（2）两性智能人：解决和满足人类对性生活的需要，引发家庭和性模式的革命；（3）体外子宫：实现体外生殖，解放妇女，引发生殖模式和妇女地位的革命；（4）人体再生：通过虚拟、仿生、神经再生，实现某种意义的"人体永生"，引发人生观革命；（5）合成生命；（6）神经再生；（7）人格信息包；（8）耦合论；（9）整合论；（10）永生论等。（第20~21页）

[1] Robert Blyd & Joan B. Silk: *How Humans Evolved* (fifth edition), Los Angeles: W. W. Norton, 2009. 此书主张，在四百万至两百万年前的非洲，起码有四大类人族物种生活，它们是：Australopithecus, Paranthropus, Kenyanthropus 和 Homo。

感"的距离才会对我们出现,就像一些荒原和森林里的古迹要在高空中才能看到。距离过近,看到的就只是不同乃至冲突。

以下是对人类学进展如何影响到我们对于亲子关系,特别是孝道的理解的一个初步的、不全面的和粗糙的阐述,难免挂一漏万,只是希望引起有心人的一点关注,得到行家们的批评。

一 人与其他动物的区别何在?

1. 珍尼·古多尔 1960 年的发现,加上后来更多的观察,表明黑猩猩和一批灵长类都是会使用工具的。[1] 而且,黑猩猩等也有合作捕猎的能力,并与同类分享猎到的肉食。一些灵长类(如猕猴、猩猩类)也有学习的或形成代际传递的"文化"能力(*Anthropology*, p.81)[2]。此外,

---

[1] "使用工具"可以被简单地理解为:运用外物甲去改变外物乙的形状、位置和状态。外物甲就被看作工具,而"运用"可理解为使用者在使用工具之际或之前,抓住、携带这工具,因而对工具的有效移动方向负责。这基本上就是 B. Beck 于 1980 年提出的工具定义。见 *Primates in Perspective*, ed. C. J. Campbell, A. Fuentes, etc., New York, Oxford: Oxford Uni. Press, 2007, chapter 41, "Tool Use and Cognition in Primates", by Melissa Panger, p.665。有关哪些灵长类会使用工具的信息,参见此书,第 671 页表 41.1。
黑猩猩也有制造工具的简单行为,比如修理草棍,使之适合于钓白蚁之用。

[2] 此书的出版信息,见本书第 68 页注释 1。

黑猩猩已被证实"可以学会使用(如果不能说的话)语言"。两只黑猩猩,华舒和露西,从小被收养人教授美国手语(American Sign Language),学会了一百多个代表英语单词的符号,并能将它们组成简单的句子,与人交流,如"你,我,出去,快"、"[旁边猴舍中]肮脏的猴子"、"脏猫"等。(*Anthropology*, pp.222~223)

当然,灵长类或猩猩类——黑猩猩、波诺波猿、大猩猩等——的这些能力,与人类的相比,实在是原始得很,"萌芽"得很,但它们毕竟说明,在这些方面,人与其他高等动物(其实还有海豚等)之间的区别,只是程度上的,而不是本质的或性质上的。

2. 那么,人与其他动物的比较真实的区别何在呢?科塔克在《人类学:对于人类多样性的探讨》中写道:

> 看来人类是最能合作的灵长类,表现在寻找食物和其他社会行为中。除了黑猩猩中有猎肉分享之外,猿类倾向于个体的寻食。猴类也是独行觅食的。在人类的寻食者们那里,男人一般去打猎,女人则采集,然后都将得到的食物带回营地来分享。那些不再觅食的老年人从年轻些的成年人那里得到食物。每个人都分得大猎物的肉。由于受到年轻者的供养和保护,年长者过了生育年龄后还活着,并由于他们的知识和经验而得到尊重。在一个人类群组

（band）中储存的信息，远大于任何其他的灵长类社会所具有的。(*Anthropology*, p.83)

相比于黑猩猩和波诺波猿（bonobos，倭黑猩猩），人类的性伴侣的联系倾向于更排外和更持久。由于我们这种更稳定的性关系，所有人类社会都有某种形式的婚姻。(*Anthropology*, p.83)

让我们来分析一下这两段引文。首先，人类尽管是最能合作的灵长类，但其他灵长类中也有某种合作，所以人类在"合作"这个性质上与其他灵长类的区别只是程度上的。但是，下面列举的一些特点却有某种结构上的变化了。人类有男女之间的觅食分工，这是其他灵长类所没有的。人类有养老、敬老特点，而其他灵长类或所有其他动物都不具备它。[1] 人类有排他的、长久的性伴侣关系，这在动物中很少见。人类的性结合有婚姻制保障，这当然是

---

1 有的学者举出早期博物学家的传闻乃至日本古代小说所言的一些原始民族不养老、遗弃老人的例子，以否认养老的人类属性。这种论断有方法上的弊端，因为人类在局部或短期内不养老，并不说明他们在主流生存形态和长期生活中不养老。还有就是解释角度的问题，不同文化对某个现象可以有非常不同的理解。比如西藏的天葬习俗，在汉人看来就是对亲人遗体的大不敬，但在藏文化中可以有很不同的解释。20世纪人类学基于广泛的田野调查和考古发掘而得出的古人类"供养和保护老人"的结论，应该是更可靠得多和有全局意义的。

独特的。人类有乱伦禁忌，这在猿中间也有表现。但更重要的，而且是被作者很合适地强调的是我们上一章引用过的"人类终生都与儿子们和女儿们保持联系"（*Anthropology*，p.84），即人类亲子关系的独特之处在于其终生性。总之，是人际关系的结构和样式，即发自夫妇阴阳对生婚姻和分工的生存时间样式，比如终生亲属认同和代际的双向关爱，而不仅是某一种孤立的能力，将人类与其他灵长类更真实地，对于我们也更有意义地区别开来。这是很有见地的，其实也是人类学多年调查和反复研究达成的共识。

当然，人类与其他灵长类，尤其是猿类之间，有明显的解剖的和基因上的区别。比如人类是直立两足行走，由此造成了一系列身体结构上的重大后果（我们下面会再讨论它们）。但是，只有将这些生理上的特点与人际关系结构及这种结构造成的基本行为样式结合起来看，才会出现对于我们的生存理解来说有意义的区别，而不仅是博物馆、解剖学、分类学和宗教里的区别。

人，或我们这种人，不是一般的社会性动物。它是男女有别、养老敬老、结婚成家和终生维持亲子关系的动物。没有这种深入到亲缘血脉中去的哲学人类学视野，非抽象的人性就由某种理论来虚构了，或者被淹没在笼统的"社会性""文化相对性"之中了。但我们确实是有"人类性"的，它并不抽象、孤立，由某种专项能力比如有发声语言能力来包办，而是我们这种人类具有的"智谋""道德""政治"所从中生出的亲子时间意识的根源和结构性表达。

我们从来就是有伦理的，而且如上所示是具体鲜活的伦理。它们不是详尽的道德规范，那是要由不同人群的文化塑造出来，但它们又绝不像"亚当夏娃的犯罪智慧"或"理性""语言""社会性"那么抽象。所以儒家讲的"仁者人也，亲亲为大"（《礼记·中庸》），是在不知西方人类学的情况下所达到的具有哲学人类学见地的卓识。

二 男女为什么要成为夫妇？

近现代的人类学从西方开始。所以，以往的人类学家大多以西方男女观和婚姻观为基底，来观察其他文化人群的男女及婚姻关系。一开始，他们相信某种近乎西方家庭和亲属观的模式是普遍有效的。接下来，发现世界上的"原始民族"中存在许多不同于这个基督教模式的两性关系和家庭组合方式，就仓促地做出一些过猛的判断。

19世纪的某些人类学家，如摩尔根，宣称人类早期有过一段无婚姻、无家庭的杂交时期，即所谓"共夫共妻"（《古代社会》，第47页起）[1]的时期，而为人所知的家庭形态

---

[1] 路易斯·亨利·摩尔根：《古代社会》上册，杨东莼等译，北京：商务印书馆，1997年。

则是"按前后相连的进步顺序建立起来的,其中每一项都体现了一种不知不觉的改革运动的结果"(《古代社会》,第47页)。它产生了巨大的思想影响,仅从"共产主义"的学说中,就能感受到它。但是,后来更严谨、求实的人类学研究,表明摩尔根在这个问题上错了,人类从头就有婚姻,有家庭。[1]而且在同一时期的不同人群里,可以同时存在多种不同的家庭形式。一夫一妻婚姻和家庭也不必完全基于私有财产的继承,当然,也不一定只基于情感。以往的哲理想象力太简单,太想当然,被非此即彼(如主观/客观、物质/精神、功利/情感……的二元分叉)的实在观和单线进步观框定,进不到几百万年或哪怕几十万年、十几万年的人类进化的委曲之中。在这里,有文字记载的数千年"文明史"说明不了什么问题。时间的悠长使"考古"或"本原学"(archeology,考古学)的幸运发现和想象力在根本处不可避免。那么,有什么

---

[1] 如克洛德·列维-斯特劳斯在为《家庭史》的序中写道:"他们〔观察家和理论家〕一律摒弃那种陈旧的理论:认为在人类历史上家庭出现以前,有一个所谓'原始杂处'的阶段。……如今,总的倾向是承认'家庭生活'(在我们赋予这个词组的意义上)在人类社会的长河中都是存在的。"(引自《家庭史》,安德烈·比尔基埃等主编,袁树仁等译,北京:生活·读书·新知三联书店,1998年,第8页)《家庭史》的作者们也认为:"家庭也像语言一样,是人类存在的一个标志。"(《家庭史》,第15页)
又见威尔逊:《社会生物学——新的综合》:"几乎所有的人类社会的建筑单元都是核心家庭。"(第519页)

理由来解释人类男女关系是这样的即以弹性一夫一妻为主,而不是那样的比如乱交、严格的一雄多雌、一雌多雄、社会昆虫式的两性关系、严格的一夫一妻呢?

对于人类形成夫妇关系最常见的也最基本的一个解释可称为"育子须父"说——漫长而艰难的人类婴儿养育期使"父亲"或"丈夫"的育子贡献具有相当大的生存意义。比如戴蒙德写道:

> 人类婴儿即便在断奶之后,所有的食物仍由父母亲供应;而猩猩断奶后,就自行觅食。大多数人类父亲密切涉入子女的抚育,母亲就更不用说了;而黑猩猩只有母亲这么做。……因为我们取得食物的方法既复杂又依赖工具,刚断奶的婴儿根本无法喂饱自己。我们的婴儿,出生后得长期喂养、训练与保护——比黑猩猩母亲需要付出的多得太多了。因此人类父亲只要期望子女存活、长大,通常就会协助配偶养育子女,而不只是贡献一粒精子。(《第三种猩猩》,第 52 页)[1]

如果情况是这样,那么两性关系就必须是长期的和基本对偶的。在采集 - 打猎(hunting-gathering)时期——这

---

1 杰拉德·戴蒙德:《第三种猩猩》,王道还译,海口:海南出版社,2004 年。

第4章 孝道时间性与人类学

是人类进化中最漫长而构造人性的时期——一夫养不了多妻及其子女,多夫养一妻则难以区分子女归属,投资不划算。

这个假说很有些道理,以一个极其重要的人类学现象,即此引文中涉及的人类婴儿非"长养"而不能成活的生存时间特点为依据。之所以会这样,有一系列原因,其源头或许是人的直立两足行走,[1] 由它而导致了多米诺骨牌效应,尽管这种效应是极其缓慢地形成的。直立两足行走允许原人比黑猩猩更多地用前肢或手来运用工具,这就可能慢慢刺激人脑体积以及头颅体积的增长。[2] 但另一方面,直立行走又限制了人的骨盆开口处的宽度,不然就支持不了直立的上身。这样,人类的妇女生孩子就艰险了:胎儿头大,骨盆开口又限制了产道,使

---

[1] 关于人类直立行走的原因,流行的有"适应开阔草原生态说"。由于数百万年前的气候变化,非洲东部有些热带雨林变为热带稀树草原(savanna),原始人族动物(hominin)为适应这个"从树林下到草地"的新环境,发展出了直立姿态的两足行走,因为这种行走有几个好处:便于高草中的远视,便于长距离地携负猎物,便于两前肢的手化,还有利于减少太阳的辐射,以维持体温。(参见 *Anthropology*, p.104)当然还有别的解释的可能。

[2] 这几十年的发现表明,在直立两足行走、脑扩大和猎取大型兽类这三种人类现象之间,有上百万年的间距。但以下介绍的"猎人说",还是很有些影响。(Kristen Hawkes: "Mating, Parenting, and the Evolution of Human Pair Bonds", *Kinship and Behavior in Primates*[简称"*Kinship*"], ed. B. Chapais & C. M. Berman, New York, Oxford: Oxford University Press, 2004, p.444)

她无法像其他哺乳类包括黑猩猩那样地顺利生产。于是，就只能在婴儿还极其不成熟时就产下它。(*Anthropology*, pp.104~105)结果就是人类抚育子女的漫长和艰难，特别是在采集-打猎时期的游动生活方式中，更是这样。于是，若无父亲的协助，一位人类母亲要养活子女，特别是连着养活几个子女的可能就不大了。

可是，这父亲是如何帮助母亲或丈夫帮助妻子的呢？一种19世纪末以来就流行的，甚至现在还有影响的学说是"猎人丈夫说"。假设人类男子自远古比如自能人、直立人或古智人时期以来就是猎人，而且这猎人的猎物——肉食——对于妻儿们的生存至关重要。(*Kinship*, p.443)但是，这几十年的研究起码在颇大程度上削弱了它。根据对于现存的采集-打猎社会的研究，猎手们打到的猎肉并不只在他（们）的家庭中享用，而是分给此社群中的每个家庭。这也就是说，猎肉是一种"公共福利"，它的分配是以社群而非家庭为单位的。(*Kinship*, pp.457~458)这样一来，猎肉就不能直接有助于塑成夫妇关系了。

要代替这个假说的，是"男猎人竞争女人说"。一些学者提出，男性的猎人或战士是为了争得女子而冒险涉难，因为他的成功为群体带来高等食物和安全，提高了他在群体成员心目中的价值，女人就更愿意委身于他，他娶到更能干女人的机会就大，他的后代即便在他不参与直接喂养的情况下，存活率也就更大。(*Kinship*, pp.460~461, p.463)这个学说似乎没有充分解释为什么男人会基本上维持稳定的夫妇关系，而不是到处拈花惹草。或许此假说假定了，男人们打猎成功的机遇总的说来是比较平均的。不管怎么说，这两种假说都将男女结合成夫妇归为多于性关系的动因。

从20世纪60年代以来，也有学者论证道：在采集-打猎的人类社会中，是女人的采集而不是男人的打猎提供了食物的主要来源，尽管部落中的人好像更看重猎肉。(*Kinship*, p.444)这个论证有利于上面两学说的后一个。

另一个解释人类夫妇关系的是"保护说"或"保镖说"，即夫妇关系的形成主要由于男人为自己的配偶和子女提供了保护。学者们注意到，灵长类有杀婴现象，即有的雄性比如新成为社群首领的雄性要杀死不是自己后代的同类幼崽。有的学者特别重视它对于塑造灵长类的雌雄关系乃至人类男女关系的作用。(*Kinship*, p.452)照此理论，雌雄乃至男女的终年结盟或结伴关系主要出自保护自己后代的进化适应。在加拿大的一项调查证实，结了婚的女子受到性侵犯杀害和性骚扰的概率确实较低。(*Kinship*, p.464)

还有"金屋藏娇"的假说。认为人类不同于其他灵长类，其女子隐性排卵的特点使得男子无法确定女人的可受孕时间。为了保证她生下的后代是自己的，男人就必须与女人长相守，以免绿帽上头而不自知，由此导致了夫妇

关系。而且，女人没有确定的发情指标，也避免了其他男人在特别时期的冲动干扰。(《第三种猩猩》，第73页)

总之，现在几乎所有人类学家都承认人类的夫妇关系模式——在众多男人共处的社群中夫妇终年厮守，甚至终生相伴，包括一定程度的一夫多妻等现象[1]和婚外

---

[1] 威尔逊写道："由于男性生育间隔时间比女性短，因此，一对一的性纽带关系因某种程度上的一夫多妻现象而有所削弱。"(爱德华·威尔逊：《论人性》，方展画、周丹译，杭州：浙江教育出版社，2001年，第126页)"我们有节制地实行一夫多妻制，两性关系中的变化大多数由男性引起。占全部人类社会四分之三的社会允许男性拥有数名妻子，其中多数还得到法律和风俗的认可。反之，只有不到百分之一的社会赞成一妻多夫。其他实行一夫一妻制的社会也只是在法律意义上如此，姘居和其他婚外关系的存在，造成了事实上的一夫多妻现象。"(《论人性》，第113页)情况是不是就像威尔逊叙述的那样，还有待更多角度的人类学文献，特别是从女性主义角度所做的认真研究的结果。

威尔逊对于我们这种人的特性或本性抱有某种藐视，他写道："人类物种〔因为科技的不断发达〕能改变自己的自然属性。它会选择什么？是依旧在部地为适应早已不复存在的冰河期（Ice-Age）而仓促形成的基础上踉跄行进？还是强迫自己形成因某种较高级的——或较低级的——情感反应能力而出现的更高级的智力与创造性？社会性的一些新模式能逐步地建立起来。在遗传学意义上模仿白臂猿（white-handed gibbon）近乎完美的核心家庭生活或者蜜蜂（honeybees）和谐友爱的手足情意，是完全可能的。"(《论人性》，第190页)他在这里好像表面上只是提出问题，但从他书中间或透露的看法，可知他倾向于赞成利用人工手段干预人类进化。这么"天真"——读了他的自传，我不认为他像他的对手们攻击的那样是种族主义者——的学者，尽管学识渊博，富于探讨精神，但在关键处，还是不敢当下就信其论断。

情——的自然事实。而且认为，相比于其他动物，特别是灵长类，这种关系是独特的。也就是说，夫妇关系是不寻常的人性特征。看来儒家主张的"君子之道，造端乎夫妇"（《礼记·中庸》），是相当"人化"的或"人性化"的。不少人类学家在谈到人类的配偶关系时，倾向归因于人类性活动的终年化，乃至体毛减少等生理特点。（《社会生物学》，第519页）其实，那只能说明人类成人在生殖期中可以经常有性活动，逻辑上也包括乱交的男女关系，却无法说明人类夫妇关系的形成。夫妇形成的理由既有生理性的，也有超生理性而又非体制性的。

它表明，人类是特别能权衡妥协或者说是特别有内时间意识的中道存在者，而不是像其他的高等动物那样，雄性之间在争夺雌性时或是完全排外的，或是杂乱无序的。这种内时间意识也使得黑猩猩的"自身-他者意识"和"欺骗意识"可能（*Primates in Perspective*, p.671）[1]，但它在人这里的深化使得人的"夫妇意识"可能。当然也可以反转一下，从女性的角度来看，女性在应对男性的体力优势时，进化出独特的平衡机制或"欺骗"机制，比如隐性排卵，既迫使男子比较专一，又减少了群体内男子

---

[1] 又见《黑猩猩的政治——猿类社会中的权力与性》，弗朗斯·德瓦尔著，赵芊里译，上海：上海译文出版社，2009年（原书初版于1982年），第77~78页。

间的竞争烈度。因此，人类从根本上就有家庭，包括基本上是一夫一妻的家庭，因为这是人性的表达，是内时间意识的智慧表现，是人类进化适应的优势所在，与私有制无关。

但迄今的所有探讨都忽视了一个在我看来绝非不重要的问题，即人类子女与父母保持终生的密切关联对于形成夫妇关系的意义。迄今有关的人类学研究几乎都关注于同一代的雌雄男女的关系，顶多涉及从亲代到子代的垂直关系，比如提及人类有终身亲属关系，而对于更有时间跨度的代际（inter-generational）关系，特别是从子代到亲代的反向关系置若罔闻，好像那是可以完全忽视的。可是，如前所说，人类的特点就是内在时间意识的深长化，这样的存在者的基本结构怎么能不与代际性相关呢？比如可以设想，子女与父母的终生联系参与塑造了人类的社会关系网，改变了它的结构，促使父母或前辈夫妇关系的形成和稳定。这方面的可验证模型也是不难做出的。

三 孝：被忽视了的人类特性

孝这个人类现象迄今还没有成为一个重大的人类学问题，也没有成为一个重大的哲学问题。这种状况应该改变，因为它是人类的内时间意识的集中展现，从中可以窥见人性的最独特之处。不理解孝，人类学就还在颇大程度上残缺不全，哲学家们讨论的人性和人的生存结构就是少根之木。但是，人类学和当代现象学及生存哲学的研究毕竟为我们反思这个问题提供了一些可贵的观察视角和佐证。

1. 孝是一种非特殊的人类独特现象

孝，如这个汉字所显示的，意味着子代对于老去的亲代的照顾、尊重、怀念和继承。它在其他动物中存在吗？好像是不存在的，尽管中国的孝书中有"慈乌反哺"一类的说法，[1] 但从来没有确凿的根据。甚至在黑猩猩、波诺波猿中，也没有它存在的证据。上面述及，原来不少被认为是人类的独特之处的，如使用工具、自身意识、运用语言符号、政治权术等，现在都在动物，特别是我们的表兄弟猩猩类中被发现了，起码是它们的初级形态。但是，孝这个现象，就像灵长类的两足直立行走，却只是特立于人类之中。那么，难道孝如一些人所说的，只是人类的特定文化现象而不是一个非特殊的人类现象吗？看来也不是的。人类学家们已有共识，孝

---

1 如《增广贤文》："羊有跪乳之恩，鸦有反哺之义。"王中书的《劝孝歌》："慈乌尚反哺，羔羊犹跪足。……孝竹体寒暑，慈枝顾本末。"另，《劝报亲恩篇》："鸟兽尚知哺育恩。"（《中国古代孝道资料选编》，骆承烈编，济南：山东大学出版社，2003年，第105、112、121页）

行——当然人类学家们多半不会直接用这个词——是人类的基本现象。比如,《人类学:对于人类多样性的探讨》在表述人类的特点时,有这样一段以上第一节已经引用过的话:

> 那些不再觅食的老年人从年轻些的成年人那里得到食物。……由于受到年轻者的供养和保护,年长者过了生育年龄后还活着,并由于他们的知识和经验而得到尊重。(*Anthropology*, p.83)[1]

可见孝不只是个特殊的文化现象。在谈到人与猿的区别时,灵长类学家和人类学家们就会注意到这个现象;或者,在分析尼安德塔人(Neanderthals)时,也会注意相关的现象。比如,尼人的骨骼上往往有创伤,可能是猎大兽时导致的(也可能是尼人群体间相互争斗造成的),但其中的大多数都痊愈了,"证明在这种人族存在者中有社会协助"(*Primate Evolution*, p.1729)[2]。这就让人可

---

[1] 有人可能会主张,这种养老是整个氏族群体的而非家庭的行为,所以算不上孝。但如上所论证的,断言早期人类无家庭的说法已经失效,说明氏族也是由家庭组成的。

[2] *Handbook of Paleoanthropology*, Vol.II, *Primate Evolution and Human Origins*(简称"*Primate Evolution*"), ed. Winfried Henke & Ian Tattersall, Berlin, Heidelberg, New York: Springer-Verlag, 2007.

以去推测,尼人中或有家庭和孝养行为的存在。但是,这种家庭和孝行肯定远不如我们这种现代智人发达,因为相比于现代智人,尼人里边老年人和婴儿的百分比较低,而青春期的和成年的人所占的百分比较高。(*Primate Evolution*, p.1728)

2. 动物——包括黑猩猩——无孝可言

古多尔等人多年观察的黑猩猩的典范母亲弗洛(又译为"芙洛"),曾身为猩群中雌黑猩猩的老大,养育了数个子女,当她变老后,那些后来很成功的子女——法宾、费冈、菲菲——并没有来照顾她。最后她死于一条河边,无猩理睬。请看珍尼·古多尔的描述:

> 这时,老弗洛看上去已经很苍老了,她估计快50岁了,牙齿都磨坏了,曾经黑亮的头发都变得又黄又稀疏,满脸的皱纹,虚弱得像个老太太,已经经不住弗林特[弗洛的最后一个儿子,此时8岁]骑到她背上了。……他们两个老是单独在一起,因为老弗洛虚弱得都跟不上大伙儿了,她的衰老使她和弗林特都很孤单。
>
> 老弗洛死于1972年,这是我特别难过的一天。我认识她这么长时间了,她教了我很多东西。她是在过水流湍急的卡冈比河时死的。她看上去很安详,

好像她的心脏是刚刚突然停止跳动似的。[1]

黑猩猩没有绝经期,这是与人类的又一个区别,所以弗洛至死还在尽母亲之责。弗洛死后三周,弗林特也死了。弗洛的子女们就生活在同一个群中,他们也曾很依恋她,帮她对付其他的黑猩猩,女儿菲菲也曾对弟弟很有兴趣(可能是在不自觉地积累养子经验),弗洛死后菲菲也曾试图帮助弟弟弗林特,可见黑猩猩中是有某种亲属认同的(《黑猩猩在召唤》,第144、199、255、257、260页)[2],但他们都没有来实质性地帮助年老的母亲。为什么会是这样?在弗洛最需要成年子女照顾的时候,他们不在那里。这并不说明她的子女们不好,而是他们还根本不知道这是好的、应该的。黑猩猩的意识还达不到"子女应该照顾年老母亲"的程度,因为他们的时间感受能力没有那么深长。按一般的进化论解释,这时弗洛子女对于她的照顾,是无生存竞争效应的,因为她衰老了,无大用了(比如弗洛最后生的儿子弗林特就被宠坏了,缺少生存竞争力),应该将宝贵的精力用到照顾他们自己的后代身上。"弗洛死后20年,她的子孙形成了迄今为止冈比

---

1 珍·古道尔(即珍尼·古多尔,Jane Goodall):《和黑猩猩在一起》,秦薇、卢伟译,成都:四川人民出版社,2006年,第129~130页。

2 珍尼·古多尔:《黑猩猩在召唤》,刘后一、张锋译,北京:科学出版社,1980年。

[Gombe，又译'贡贝']最强大的家族。"(《黑猩猩在召唤》，第137页)

四 为什么会出现孝？——更深长的内时间意识

但在人那里——直立人？或要到古智人？——却出现了明确的孝行，而且进化论学者们也可以为这孝行找到增强进化适应力的根据，比如老年人的知识和经验对于群体的生存有帮助，特别是在出现异常状况时，像旱灾时记得哪里有水，饥荒时知道哪种植物可食，瘟疫时知道哪种草药可疗。但是，这个转变是如何发生的，老年人如何从无用变为有用，特别是，古人类是如何知道这种有用的，却是这种解释无法说明的。情况倒似乎是：造成孝行与造成"它有用"的实际上是一个过程。没有深长的时间意识，老年人就不会比中年人更有知识和经验的优势。

关键在于，在人这里，不管是能人（*Homo habilis*，平均脑容量$600\sim700 cm^3$）、直立人（*Homo erectus*，脑容量$900 cm^3$）、古智人（*Archaic Homo sapiens*，脑容量$1135 cm^3$）、尼安德塔人（*Homo sapiens neanderthalensis*，脑容量$1430 cm^3$），还是解剖学意义上的现代智人（*Anatomically modern humans*，即*Homo sapiens sapiens*，脑容量$1350 cm^3$），在某一时代、某一阶段那里出现了足够深长的时间意识，致使他或她能

够记得或想到：母亲和父亲对于自己曾有大恩，应该在他们年老时回报。如果不这样做，就会在某个时刻感到不安和愧疚。能够有这种孝意识的人，一定是能进行跨物理空间和物理时间而想象和思考的人，能积累知识和经验，能够在各个层次上合作，也就是到老也能够被后代认为是有用的人。

1. 什么使深长时间意识出现？
——人类新生婴儿的极度不成熟以及亲子联体

相比其他哺乳类、灵长类，人类新生婴儿的不成熟不只是量的变化，它深刻改变了人类婴儿与母亲、父亲或任何抱养人的关系，乃至父亲与母亲的关系，也改变了人类本身的亲属及社会关系结构。人们总习惯于将男女或夫妇比作最明显的人类阴阳关系，相对、互补而又出新；但就人类的形成史和实际生存样式而言，由两足行走导致的新型亲子关系，才可能是那产生一切新形态的阴阳发生的源结构。人类婴儿的不成熟达到了什么程度呢？看一位人类学家 M. F. Small 所写：

> 人类婴儿出生时，它从神经学上讲是未完成的，因而无法协调肌肉的运动。……在某个意义上，人类婴孩的非孤立性达到了这种程度，以致它从生理和情感上讲来只是"婴儿-抚养者"这个互绕联

体（entwined dyad of infant and caregiver）的一部分。（*Anthropology 2002/2003*, p.108）[1]

这讲得不错。人类婴儿与抚养者（在迄今为止的人类史上，这抚养者在绝大多数情况下是婴儿的父母）不是两个个体之间的亲密关系，而首先是一个互绕联体。人类婴儿必须提前出生，它与母亲之间的肉体脐带虽然断了，但梅洛-庞蒂身体现象学意义上的身体脐带还活生生地联系着母子乃至父子。所以亲子关系更可以被称为阴阳关系。正是由于它，导致了人类家庭。人类的夫妇关系，如前所说，也在很大程度上源自于这个关系。从现实的生成顺序看，有夫妇才有亲子；但从人类学、哲学人类学或人类形成史的发生结构上看，有亲子才有夫妇。

婴儿出生的不成熟如何导致了内时间意识的深长化呢？婴儿出生的极度不成熟，意味着它的生命的极度微弱，随时可能而且比较容易死亡。因此，养活这样的生命就要求母亲乃至父亲的完全投入，深刻改变自己的生活方式。从带孩子开始，亲代就失去了"自己的"生活，而进到一个互绕联体的生活之中。婴儿的不独立就等于

---

[1] Meredith F. Small: "Our Babies, Ourselves," *Annual Edition: Anthropology 2002/2003*（Twenty-fifth edition）（简称"*Anthropology 2002/2003*"）, ed. Elvio Angelon, Guilford, Connecticut: McGraw-Hill Dushkin, 2002.

亲代的不独立。这从母子夜间睡觉的方式可以略加窥见。

另外，由于婴儿出生时脑部是远未完成的，所以出生之后的一段时间内，头颅和脑要像个气球一样快速扩张，最后头骨才能合拢。可以想见，在这段意识身体——主要表现为头——的塑成期或"正在进行时"中，婴儿与母亲、父亲或抚养人的互动具有深层构造的、终身的后果。在某种意义上，婴儿与养育它的父母的内在关联，是长进了它的生命之中，而不只是一般的记忆关联。此现象或可名之曰"后天的先天关联"，因为婴儿出生后的"后天"，在其他灵长类那里还是在母腹中的"先天"。

心理学家们将记忆分为短期记忆和长期记忆。[1] 人类婴儿与父母的关系，其核心肯定属于长期记忆，而且应该是一种不会被遗忘的本能记忆或现象学意义上的身体记忆。我们学了外语，即便建立了长期记忆，但由于长期不使用，或由于年老，也会淡化或在相当程度上遗忘。但我们一旦学会了第一语言，或学会了游泳、骑车，其核心部分就不被遗忘，即便长期不用它。人与养育己身父母的关系，甚至早于第一语言的学习，所以起码属于后一种长期记忆，即质的长期记忆。人随着岁数的增长，甚至到年老时，这种记忆可能变得更强烈，即便父母在

1　Charles J. Lumsden & Edward O. Wilson: *Promethean Fire: Reflection on the Origin of Mind*, Cambridge, etc.: Harvard University Press, 1983, p.79.

第4章 孝道时间性与人类学

他或她年轻时就故去了。

除了亲子之间的深度关联，这种关联持续的时间之长，在动物中也是罕见的。现在的人类后代，平均14～15岁性成熟，[1] 生活自立更晚，[2] 而我们可以推想，人类形成史上的婴儿成熟期从生理上还要迟，因为对黑猩猩和大猩猩的研究都表明，野生自然生活的要比圈养的成熟期迟得多。野外的雌黑猩猩生第一胎的平均年龄是14.5岁，而圈养的是11.1岁；野生的大猩猩生第一胎的年龄是8.9岁，圈养的是6.8岁。[3] 而现代人，特别是经过工业革命

1　Eldon D. Enger & Frederick C. Ross: *Concepts in Biology*（《生物学原理》英文影印版），北京：科学出版社，2004年，21.4。

2　戴蒙德："人类发育、成长，很不容易，得花上20年，在动物界绝无仅有。"（《第三种猩猩》，第135页）
　　按照比较新的人类学研究，现代遗留的狩猎-采集社会中，男子要17岁、女子则要40岁靠后才能完全养活自己（Robert Blyd & Joan B. Silk: *How Humans Evolved* [fifth edition], p.289, Figure 11.7）。可以大致想见，在现代人类的形成期中，后期情况（那时已经发明较高明的打猎和采集工具）可能与这差不多，但更漫长得多的前期和中期里，情况多半不同。当然，这也依生态环境和人类吃的食物品种而变，生态好时这种年龄会提前，不好时会错后；打猎已经很重要的时期自立年龄会后移（因为要学会猎捕大野兽的技术和体力要求高），而很早期的人族，起码有的种类以吃植物为主，这年龄会提前。

3　Caroline E. G. Tutin: "Reproductive Success Story—Variability among Chimpanzees and Comparisons with Gorillas", *Chimpanzee Cultures*, ed. R. W. Wrangham, W. C. McGrew, F. B. M. de Waal, and P. G. Heltne, Cambridge & London: Harvard University Press, 1996, p.184, Table1.

后的人类生活方式，相当于被圈养。灵长类养育后代要比其他动物包括其他哺乳类艰难（*Anthropology 2002/2003*, p.107），黑猩猩养后代也比大猩猩更困难，比如黑猩猩母亲携抱她的婴儿达五年之久，而大猩猩婴儿发展自身的运动能力比黑猩猩婴儿快得多，6个月的大猩猩幼崽就能骑到妈妈背上而不掉下来了，2岁就基本上不用母亲抱了。而我们知道，黑猩猩要比大猩猩从生理到智力都更接近我们。情况似乎是：养孩子越是艰难、越是时间长久的，就越是被这种"长期投资"逼得要发展出内时间意识。

这两种情况加在一起，使得人类必须有长远的时间视野，能做出各种事先的预测、计划和事后的反省、回忆，不然就难以养活子女和传承家族。

2. 养儿艰难的时间意识效应

相比于威尔逊津津乐道的所谓人类的好战性、一夫多妻制、鲜肉的极端重要性（《论人性》，第113、125页，第103页，第85页）等等，人类婴儿出生的极度不成熟才是一个真正持久和影响深远的事实，它在狩猎－采集的人类社会中发挥了更大的作用。因为它，在那样一个不断迁移的社团中，父母亲必须有更长远的时间意识，知道如何养活、保护自己和婴儿。比如，那时的妇女必须"维持四年的生育间隔，因为母亲必须照顾幼儿，直到他们长大，跟得上大人。"(《第三种猩猩》，第197页）由于拉扯幼小子女的母亲的劳动能力和移动能力都很受限制，可以想见，她必须获得人际的合作才能维持自己和子女的联体生存。首先就是以上讲到的，她择偶一定会极其看重男人的护家素质，除了他的保护能力之外，还有为人的可靠——忠实、热诚、慷慨等，而这些都含有内时间因素。而且，这男子不可太软弱，又不可一味地好斗，那样最终会葬送家庭，因为在这种"拉家带口"的情势下，几乎没有谁是战无不胜的。所以男子必须有权衡、合作、妥协和把握时机的能力。哪里最可能找到食物，哪里最可能有朋友而不是敌人，哪里是危难时可以藏身或避难的地方，哪种生存策略最能经受不测未来的颠簸……这是所有父母永远要操心牵挂的。再者，一位母亲与家庭、家族乃至邻里中的女性的合作也相当重要，婆婆、嫂子、小姑、女友等等，都是能够为她临时带儿女的分身存在者，她都要尽量与之协调。二三十年的育儿期，哪种意识能应对，它才会在几十代、几百代、几千代的考验后，留存在人性之中。因为这个或这些"小冤家"，人类才不得不是一种时间化的存在者。

一些人类学家看出，生态位的开辟及新工具的使用与人族更长的成熟期有内在相关性。但是，他们这里是否将因果弄颠倒了，或起码是将原来是一个相互因果的双向过程简化为单因果的了？是复杂工具和习得能力的越来越重要导致了人类成熟期的延长,还是应该反过来看,是人类成熟期的延长导致了习得能力和工具使用的更加必要?就人类进化史的总体而言,这应该是一个互为因果的双向正反馈或"自催化"过程;但是就人族(*Hominini*, *Hominins*)和人属(*Homo*, *Humans*)的早期进化而言,也就是人类的发源动机而言,婴儿出生时的极度不成熟以及相应的人类成熟期的长久似乎是更根本的或更身体本能的。原因如下:

首先,黑猩猩的平均脑容量是 390 cm^3,而属于人族的南猿(australopithecus)——被认为是人类的最早起源,是我们所知最早直立两足行走的人科动物(hominoids)——的平均脑容量从 430 cm^3(A. afarensis)、490 cm^3(A. africanus)到 540 cm^3(A. robustus)。(*Anthropology*, p.110, Table 8.2)其头颅骨肯定比黑猩猩的大,而且就其高值而言,这个差距(100~150 cm^3)在这种脑容量水准上也不算很小。而且,南猿的产道比后来的人族要狭窄。(*Anthropology*, p.108)所以,尽管南猿婴儿的头颅骨要比人属的小,但婴儿出生的不成熟和青少年期的延长现象应该已经出现,尽管从量上无法与后来的现代人相比。(*How Humans Evolved*, p.263)科塔克写道:

> 年轻的南猿们(young australopithecines)一定要依靠他们的父母和亲戚来得到食物和保护。这种多

年的儿童期依赖状态会为他们提供用来观察、受教和学习的时间。这也就为他们具有某种初步的文化生活提供了间接依据。(*Anthropology*, pp.109～111)

所以,情况可能是:南猿青少年期的拉长所形成的养育压力或选择压力,促使了他们的父母对于新食物和新工具的寻求和珍视,因为直立两足行走必会导致不成熟的婴儿出生和延长的成熟时间,但却不必然导致新食物和新工具的寻求。无论如何,养育时间延长不会晚于,也不应归于新工具的寻求和使用。有可能,南猿与黑猩猩的最大区别不是工具的制造使用,而是直立两足行走造成的养育延长现象的有无。

南猿乃至"阿尔迪"一类的"始祖种",两足直立行走始于接近四百万年前,乃至四百四十万年前,而迄今发现的最早的人类加工过的石器工具是二百五十万年前或更早些的(*Anthropology*, p.114; *How Humans Evolved*, p.284)[1],据说是南猿的"garhi"种使用的。当然,还没发现不证明石器工具不会更早出现,但情况似乎是:两足直立在人类形成史上最早出现,养育延长和石器工具的制造跟在后边出现。如果婴儿早出生导致的养育延长与当时的

---

[1] 西班牙《国家报》还有报道(《参考消息》2010年8月13日第7版):《古猿三百四十万年前开始使用石器——人类进化史向前推九十万年》。

工具和食物谱达成了平衡,气候和生态环境又变化不大的话,人类的进化可以有漫长的停滞期,比如直立人在一百多万年间,其工具没有大的变化。(*How Humans Evolved*, p.312)如果进化的动力只来自打猎和相关工具的话,那么就无法解释这么长久的停滞,因为这动力应该一直在发挥作用。可是,如果认为原初的进化动力主要来自养育延长的话,那么,这种延长了的养育期是可以与某种环境、某种因素达成平衡的。[1]工具总会在使用中不断改进,而人的身体却可能在适当的条件中维持原状,试想四万年前人类进化的"大跃进"[2]和一万年前的农业出现以来,人类的身体并无重大进化,而工具却发生了何其巨大的改进,就可知道这个差异了。

3. 孝出现的契机

如上所示,孝指子女对年老父母乃至前辈亲人的照顾、尊重、怀念和继承,孝道则指对这种孝行的自觉化、

---

[1] 以上谈到过另一个因素,即人可能会像黑猩猩那样,在"圈养"或"文明状态"中,其性成熟期及生育时间提前;它有可能会在一定程度上抵消由人类婴儿不成熟出生造成的成熟期推迟(这种推迟按人类学的现有资料,会随着人族的进化而加剧。参见 *How Humans Evolved*, p.264, pp.291~292),形成某种平衡,于是导致长久的进化停滞,除非有重大的环境改变打破它。

[2] Patricia J. Ash & David Robinson: *The Emergence of Humans: An Exploration of the Evolutionary Timeline*, West Sussex, UK: Wiley-Blackwell, 2010, p.239. 另见戴蒙德:《第三种猩猩》,第 39 页。

第4章 孝道时间性与人类学

深刻化和信仰化。从哲理上讲,孝意味着子女与(年老)父母和祖先的生存时-间在意识层面上的再交汇。它的出现而非保持,并不能只由部分人类学家给出的"老人保存和传递有用知识"这种理由来解释,因为孝的出现与能够保存有用知识是一个而非两个过程,使得孝出现的时间意识也会使得保存知识可能。所以,能够对孝作实用主义的考虑已经预设了孝。对于人之外的其他动物,包括我们的表兄黑猩猩,孝是无用的,徒然浪费可用来维持己身和抚养后代的精力与能量,于该种群的生存不利。

这拐点出现的契机之一,可能就是人类子女去养育自己的子女之时。这个与他/她被养育同构的去养育经验,这个被重复又被更新的情境,在延长了的人类内时间意识中,忽然唤起、兴发出了一种本能回忆,也就是长期的,哪怕是内隐的回忆,过去父母的养育与当下为人父母的去养育,交织了起来,感通了起来。当下对子女的本能深爱,与以前父母对自己的本能深爱,在本能记忆中沟通了,反转出现了,苍老无助的父母让他/她不安了,难过了,甚至恐惧了。于是,孝心出现了。他/她不顾当时生存的理性考虑,不加因果解释说明地干起了赡养无用老者的事情,他/她的子女与他/她的父母的生存地位开始沟通,尽管说不上等同。起头处,他/她不会知道年老父母的"用处",或知道了一下也影响不了日常的行为模式。老人越来越衰老,走向死亡;也没有灾荒来显示老人的智慧，因为在有孝之前，人活不过多老，也积累不了多少能超出中年人的智慧。但凭着内时间意识中过去与当下的交织，越来越多的"过去"被保持在潜时间域中，只要有恰巧应时的激发，那跨代际的记忆反转就可能涌现。此为人的意识本能的时间实现，与功利后果的考虑无关。"养儿［时］方知父母恩"，说的就是构成孝意识的时间触机。

孝心的出现，表明人的时间意识已经达到相当的深度与长度，能够做宏大尺度的内翻转。而且，由于孝迫使当前子女身荷未来（自己子女）和过去（自己父母）的双养重负，导致更大的生存压力，人类变得更柔弱、更不易成熟，于是其内时间意识就被逼得还要更加延长和深化，新的工具和生态位就更是生存的渴望和创造了。基于这种推想，四万年前在现代智人身上发生的进化"大跃进"，或许是人类实现孝的最晚时刻；从此以后，许许多多新的发明创造——精巧的新工具如骨器、复合工具、鱼钩、网、弓箭，及高明的艺术，如洞穴壁画、雕塑、仪式，乃至我们所说的这种语言，等等——以及它们体现的身心特征就奠定了现代人类的生存基底。

五 总结：仁者人也

以上哲学人类学的研究，所运用的是"朝向事情——

第4章 孝道时间性与人类学

即现有人类本性的形成——本身"的方法，也就是"道不远人""仁者人也"(《礼记·中庸》)的方法。

社会生物学化的人类学研究过于强调基因的普遍决定，而自由主义、极端女性主义等，则过于强调人的文化性，似乎人性只是一张白纸，任由特殊的文化来打扮。人有自己的身体，一个并非个体化和完全肉体化的时间生存的身体，在物质与精神、基因与文化的二元化之先，人身就已经在生存的长河中形成、演变、再形成……

儒家讲的"男女有别"(《礼记·郊特牲》)现在看来确是一个极悠久的人类现象和原则，有丰富的多重含义，比如生理的、劳动分工的、外婚制的。它不但没有歧视某个性别之意，反倒隐含男女在差异之中的互补式平等之意，当然殊不同于西方现代意识形态传来的外在形式上的"男女平等"。

但一切源于人——含人科动物、人族、人属和智人——的生存之道，主要就是抚育婴儿成熟，以致再去养育婴儿之道。直立两足的最重要后果就是人类婴儿极度不成熟导致的难养，以及随之而来的一系列后果。由它或它们形成了人朝向自身形成的发动结构。

由于这种不成熟、难养和随之而来的青少年成熟期拖后，养育人的后代必须有众男性群体中的父亲，而不能像其他灵长类那样，或者是"单亲［母亲］抚养"，或者是一雄多雌，或者是孤立的一雄一雌。亚里士多德说

家与孝：从中西间视野看

人是个"政治联盟的存在者"（a being meant for political association），很有见地，但他断定"人就其本性而言是一种要生活在城邦中的动物"（man is by nature an animal intended to live in a polis）[1]，就有问题了，因为人就其本性而言，首先是一种要生活在夫妇家庭和血亲/姻亲家族中的动物，而不必然是城邦中的动物。《礼记·礼运》写道：

> 何谓人义？父慈、子孝，兄良、弟弟，夫义、妇听，长惠、幼顺，君仁、臣忠十者，谓人之义。

这"人义"或"做人的含义"的顺序，也可看作是人的政治发生顺序，即亲子（"父"是"父母"的缩写）为源头，导致夫妇、家族乃至国家。国乃家的延伸，被现代汉语称为"国家"。但《孟子·离娄上》已云："人有恒言，皆曰天下国家。天下之本在国，国之本在家，家之本在身。"讲"家之本在身"，表明家的最真实含义要通过学

---

[1] Aristotle: *The Politics of Aristotle*, ed. and trans. Ernest Barker, London: Oxford University Press, 1946/1979, p.5. 亚氏在那里讲道："从这些考虑可以明白地看出，城邦（polis）属于那种凭借自身本性而存在的东西之列，而人就其本性而言是一种要生活在城邦中的动物。……相比于蜜蜂或其他群居动物所能达到的联盟状态而言，人注定是一种政治联盟的存在者。"苗力田主编的《古希腊哲学》（北京：中国人民大学出版社，1989/1996年）将这些话译为："由此显然可见，城邦是自然的产物，人天生是一种政治动物……人比蜜蜂以及其他群居动物更是政治的动物。"（第577页）

六艺之"修身"来获得,但这"身"却首先不是个体之身,而是亲子一体、家庭联体之身,所以要讲"身体发肤,受之父母,不敢毁伤"(《孝经·开宗明义》)。

所有这些,会导致人的内时间意识的深长化,即所谓穷–变–通–久(《周易·系辞下》)[1]。"穷"这里指人类婴儿之完全被动,养育之艰难困厄;必"变"而活之,母之父之,亲之戚之,谋划之、器具之,与时偕行之;此变创出新生态位,"苟日新,日日新,又日新"(《礼记·大学》引殷汤之《盘铭》);于是有"通",通达过往之隐,预知未来之几;如此则"久",即内时间意识之深长化、回旋化,使人可历经无数患难变迁,从数万年、数十万年、几百万年前一路行来,绵绵不绝,而曾与之同行的多少物种,乃至多少人科、人族的兄弟种,都绝灭了。华夏民族及文化,因得此人道正脉而在世界诸古民族古文明中最能持久。

当人的内时间意识达到能够在代际切身反转时,即能够在养育自己子女时,意识到过去自己父母的同样养育之恩情时,孝意识就开始出现了。这可能是人之为现代智人(AMHs,或 Homo sapiens sapiens)的标志。从此以后,人成为完整意义上的、为我们熟悉的人,不管它

---

[1] 《周易·系辞下》:"易穷则变,变则通,通则久,是以自天佑之,吉无不利。"

是在打猎－采集、茹毛饮血、制网作弓、洞穴作画，还是在播种耕田、范陶冶铜、筑城造字，或制礼作乐、立法建国，乃至科技至上、大战世界。

孝即孟子所讲的"不忍人之心"的发端，不忍见年老之父母有凄凉晚景，如老年黑猩猩之遭遇。"无恻隐之心，非人也。"（《孟子·公孙丑上》）作为人的标志，这恻隐或不忍人之心以孝为源头。动物特别是鸟类和哺乳类，也有亲代对子代的不忍之心，但缺少子代对于亲代的不忍之心。人从能孝开始，才算是与其他动物有了不同生活世界的人。"孝弟也者，其为仁［人根］之本与！"（《论语》1.2）"夫孝，德之本也，教之所由生也。"（《孝经·开宗明义》）人并非是因为会使用工具、会欺骗、会搞政治，或有自我意识和外在化的他者意识而成为人，而是因为能孝顺父母长辈亲人，因而特别能受教——注意"孝"与"教"的字源联系——而成人。

这一切，都指向一个关键维度，即人的内时间意识的深长化。所以孟子讲孔子为"圣之时者也"（《孟子·万章下》），我们认儒家为"时中"（《礼记·中庸》）之学，绝非虚言。

第三部分

孝和家如何才可能?

第 5 章

想象力与历时记忆
——内时间意识的分层

胡塞尔与海德格尔都对康德《纯粹理性批判》中的"先验演绎"和"图几法"(Schematismus,一般译作"图型论"或"图型法")感兴趣,海德格尔还特写了《康德书》。按照海德格尔,这里边的关键是康德于该书,特别是它的第一版中,在感性与知性的交接处,提出了"先验的想象力"来使两者的结合乃至两者本身得以可能。这种想象力能够构造出介于感性杂多与概念认定之间的"象"(Bild),而此类象中的大象或"纯象"就是原本的时间。出自此原时间的图几让概念能够与感性连接,从而在现象世界中实现出自己的知性客观性。

下面先表述康德的有关观点,然后核对这种想象力与胡塞尔和海德格尔讲的内时间意识和时间性的关系,最后试着通过分辨这种想象力运作诸方式中的两种——保持联结和保持回旋,来区分两种内时间意识或时间性:一种是人类与其他高等动物共享的,另一种则是在人类那里特别发达,而在少数动物那里可能仅仅具有些萌芽的。这种尝试借鉴了认知科学研究中提出的一种记忆分类,即"语义记忆"和"历时记忆"的区别。

一 康德揭示的人类先验想象力

康德写道:

> 一般综合只不过是想象力的结果,即灵魂的一种盲目的、尽管是不可缺少的机能的结果,没有它,我们就绝对不会有什么知识,但我们很少哪怕有一次意识到它。(《纯批》,A78,B103)[1]

想象力造就了"一般综合"(Synthesis überhaupt),意味着所有综合——无论是后天的还是先天的、感性的还是知性的——都是想象力提供的;尽管我们常用别的方式来称呼它,比如康德马上提到的"用概念来表达"它,于是就将这种综合归为知性的一种机能。出现这种替代或篡夺,一个可以想到的原因是因为想象力的"盲目",而这盲目本

---

[1] 康德:《纯粹理性批判》(简称《纯批》),邓晓芒译,北京:人民出版社,2004年。为了术语统一,将原译文中的"想像"都改为"想象"。

第5章　想象力与历时记忆

属于直观:"直观无概念是盲的。"(《纯批》,A51,B75)但想象力不止于直观,它按康德在上面引文中表达的看法,是所有综合和知识的源头。于是他在《纯批》第一版主张:

> 所以想象力的纯粹的(生产性的)综合的必然统一这条原则先于统觉而成了一切知识,特别是经验知识的可能性基础。(《纯批》,A118)
>
> 我们有一种作为人类心灵基本能力的纯粹想象力,这种能力为一切先天知识奠定了基础。(《纯批》,A124)

按照康德,先验的或纯粹的想象力是生产性的或原发性的,而经验的想象力是再生性的或服从联想律的。(《纯批》,B152)想象力如果是先验的或先于对象的,那么就会"先于统觉",成为一切知识的来源。按照这个思路,先验的想象力也应该是那使得统觉可能的原综合或原构造。尽管作为主体化唯理主义者的康德无法接受最后这个结论,在《纯批》的第一版中已经反复强调了"统觉的本源的统一是一切知识的可能性的根据"(《纯批》,A118),与以上引文表达的"先验想象力在先"的思路形成张力,并因此而在第二版中做了相应调整或"退缩"(《康德书》,第165页)[1];但这本深刻影响了西方近现代哲学的书还是闪现出

1　海德格尔:《康德与形而上学疑难》(简称《康德书》),王庆节译,上海:上

了令人难忘的想象力的原初地位,让海德格尔和另一些哲学家抓住大做文章,而且往往是颇有道理的文章。

那么什么是想象力(Einbildungskraft, imagination)呢?康德写道:

> 想象力是把一个对象甚至当它不在场时也在直观中表象出来的能力。(《纯批》,B151)

我们可以凭借想象力将某些已经过去的事情和对象,比如三年前一次难忘的旅行和其中的场景,再次表现在意识中。这种能力一般称之为回忆能力。又可以靠想象力去预想那些还没有到来的事情和对象,例如设想几天后见到久违亲人时的情形,这一般称之为筹划能力。还可以凭想象力天马行空,做白日梦或玄想,或进行令文学、音乐、艺术、科学、技术的创造可能的自由想象。更原本地,还可以有那让这一切想象、意向行为和意向对象可能的原发想象,使它们可以被构成而出现于我们的意识中。它不能还凭借从甲到乙、从乙到丙的联想和分合,而是靠更深层的、完全非对象化的元构造力,来使最初的联结、综合或受孕可能。没有这最后一种想象能力,人就不可能有我们这种

(接上页)海译文出版社,2011年。行文注中给出的是德文版页码,即此中文版中的边页码。

意识行为结构和对象化方式,所以康德称之为"生产性的"(produktiv)或"纯粹的",是那种最原本的构造发生而"使之可能",因而称之为"先验的",即那使经验得以可能者。而前面那些想象力,无论是回忆、筹划,还是自由联想、触类旁通等,都只是它的不那么纯粹的,还有某种现成对象依赖的变体,被称为"再生的想象力"。

这种纯粹的想象力本身不可对象化,它首先产生出来的也不是对象,而是使对象可能的"纯象"(reines Bild),其草图就是"图几"(《纯批》,A140~142,B180~182),就像纯三角形是连接三角形概念与具体的三角形形象(锐角、钝角或直角三角形)的图几。所以一切感性对象和知性概念的实现都需要先行纯象和图几的引导,而这些纯象中的最原本之象是时间(《纯批》,A142,B182)。康德为知性的十二个基本范畴都找到了时间的图几,由此而使得统觉的收敛归一可以贯通于所有的认知功能。

对于日常思维乃至传统西方哲学的观念化思维而言,再生的想象力即依据甲来想象乙的想象能力很容易理解,但先验的想象力则是费解的。经验论主张再生想象力或联想就是我们内部认知的最高能力,而唯理论认为还有更重要的先天认识能力,也就是能够用来认知理式、先天范畴的能力。它或它们不仅能够先验地规定经验对象出现的方式,而且可以直接领会和把握先天的观念,获得先天的知识。先验的想象力的思路与它们都很不同。

按照传统思路,想象力只能是经验的、再生式的,"属于感性的"(《纯批》,B151),而那种不依据任何现成对象的、似缘空而造象的纯想象力,在传统格局中找不到自己的位置,它那"盲目"的"生产性"或"自发性"——表现为对纯象或图几的冥构造——似乎是神秘的。所以康德说道:"我们知性的〔实际上是知性与感性之间的〕这个图形〔几〕法就现象及其单纯形式而言,是在人类心灵深处隐藏着的一种技艺,它的真实操作方式我们任何时候都是很难从大自然那里猜测到,并将其毫无遮蔽地展示在眼前的。"(《纯批》,A141,B181)

然而,康德毕竟给我们提供了一条领会这种人类心灵技艺的线索,即这种想象力所生产出的最重要也最纯粹的时间之象;通过考察这种原本的时间现象及其连带的认知现象,就可以或才可以知道这种先验的想象力是怎么一回事,它为什么能够先于统觉而是一切人类知识的根基。只是康德描述的时间图几——基于一条先后相继和允许同时并存的直线——过于呆板,不足以让人们(包括他自己)领会纯想象力的自发生产性,因此我们只能转向现象学的时间描述。

二 原想象如何造就了胡塞尔和海德格尔的时间观

胡塞尔在《内时间意识现象学》中对于时间客体——

第5章 想象力与历时记忆

比如一段旋律——的显现方式或"生产"方式(《内时间》,390)[1]的描述,透露出理解内时间本身的线索。简单说来就是:对于时间客体,比如一段声音的知觉,起于一个"原印象"的刺激和对于它的自发"滞留"或"保持"(Retention),乃至这印象带有的"前摄"或"预持"(Protention)(《内时间》,第410页;附录6)。也就是说,任何一个印象,必像彗星的核一样,具有保持着过去的彗尾和预持着将来的彗发彗云。胡塞尔集中讨论了滞留,但其中的意思应该能转移或反转到前摄里(《内时间》,第413页)。

滞留是对于当下接受的原印象的保持。也就是说,当这个原印象在抽象的物理时刻上刚刚过去,并在这个抽象的意义上"不在场"了,人的内知觉意识会将它当场保留住。就此而言,滞留是想象力的运作。可是,它太原初了,绝不是再生的想象力。这种保留有这样几个特点:首先,它是完全自发的,是人类意识乃至人类身体特别是神经生理的生命本能。我们可以设想,广义的保留在其他动物,特别是其他的哺乳类那里也有,只是不如在人类意识中这么发达。其次,由于它的完全自发

---

[1] 胡塞尔:《内时间意识现象学》(简称《内时间》),倪梁康译,北京:商务印书馆,2010年。行文注中的页码是此中译本加方括号的边页码,即德文本的初版页码(其详情说明见中译本第536页)。

性,它根本"来不及"分辨它保留的是什么,而就是一个纯粹的保持,或者说是原印象的非实项的自发变异(《内时间》,附录9),还说不上是对某物的表象或布伦塔诺讲的"原初联想"(《内时间》,第377~382页)。

再次,由于以上这两个特点,滞留与被它滞留的原印象没有现象学时间上的原则区别。"这个系列的每个以前的点都重又在滞留的意义上作为一个现在而映射出来(abschatten)。"(《内时间》,第390页)那个物理时间意义上"以前的点",在滞留中并没有变成现象学时间意义上的"以前",它还是"现在"的一个映射、侧显或晕圈。我们现在真正听到的时间客体,比如一段旋律中的声音,既不是原印象,也不是滞留,而是它们加上前摄的被统握、被立义的一气相通的晕状综合体,与其他声音或无声音通过边缘域前拉后牵着。也就是,我们听到的声音已经是原想象连续构造的产物,在意识中,从来就没有经验主义讲的完全被动、孤立的感官接受,具体到这个例子,就是我们并非先用耳朵接受到一个个瞬间进来的物理单音印象,然后再通过联想使之连接而形成可听之音。如果情况是那样的话,我们听到的东西最好也就是噪音,因为这种事后的连接总赶不上当场的知觉需求。

又再次,这么自发的滞留绝不会只进行一次或有限次,而是会在全方位的意义上一再进行,尽其可能地进行。"它从一个滞留转变为另一个滞留,从不间断,因而就形成一个滞留的不断连续,以至于每个以后的点对于以前的点来说都是滞留,而每个滞留都已经是连续统。"(《内时间》,第390页)声音当然有开端有结束,但是意识机体的保持-前摄冲动如江水般永不停歇,只要这意识的生理生命和神经结构还在。最后,这滞留使得再现或再生的想象可能。"借助于这种滞留,一种对已流逝之物的回顾成为可能。"(《内时间》,第472页)

甚至胡塞尔对于这连续统的内在连续力也估计得不够充分,以至于还要靠滞留的"双重意向性"(《内时间》,39节)——一个构造时间客体,另一个通过对于滞留的滞留来构造时间之流——来构造整个时间流。其实滞留的前对象的纯发生性就保证了它不仅是双向的,而且是多向的。胡塞尔天才的笨拙和可爱也在于此,他往往看不到自己生育的思想儿女的深层潜力,而留给后人对它们做实质性扩展的可能。如此原发的滞留,先于对象而又为对象的出现造成可能,就必是先验的综合,乃至这种综合之源;它就势必既是"横"的,又是"纵"的,也就是既可构造时间对象,又可构造并融入时间之流,将对滞留的滞留在多维度上进行到底。就此而言,哪里有什么先于滞留的"原"印象?一切感觉刺激都已经处于由滞留的滞留和前摄的前摄交织成的深度时流势域中了。胡塞尔称滞留为"原生回忆"(primäre Erinnerung)(《内时间》,第391页),是它参与造就的时间流及其深度(《内时间》,第10节)使得次生回忆或再回忆可能(《内时间》,第409页)。而他讲的"想象"(Phantasie),一般都是指再生的或当下化的行为,除非标明是"原想象"(Ur-Phantasie)(《内时间》,第451页)。总之,内时间流的源头应该在于滞留和前摄,而不是其触角还在时流之外的原印象。"原印象"只是时流情境中的触发点,它并非胡塞尔认为的"绝对开端"(《内时间》,第451页)。滞留与前摄可以相比于康德讲的先验的想象力,但它们有更可理解的现象结构,从中我们开始领会这种想象力和纯时间的发生结构和特点;它们生产出了时间之流,而不只是时间图几。

在海德格尔那里,时间的本真态是"原发的在自身中和为了自身的'外于自身'"(《在与时》,第329页)[1],也就是:时间三相度(将来、曾在和当下)为了赢得自身、处于时间自身中,就必须原发地外溢出自身,还不是自身或者已经不是自身。换言之,它们没有任何现成的自身,只有在溢出自身的相互交缠中编织出自身和时间性,就像湍流中的任何瞬间都没有现成的自身,而只能在外溢到其他瞬间的过渡中赢得自身和水流。这正是胡塞尔讲的内时间结构的特点,即滞留为了成就当下的时间感知而"外于"这感知所依据的原印象,因而就"处

---

[1] Heidegger: *Sein und Zeit*(简称《在与时》或"SZ"), Achtzehnte Auflage, Tübinger: Max Niemeyer Verlag, 2001.

第5章 想象力与历时记忆

于"当下的时晕（Zeithof）（《内时间》，第396页）的"自身之中"，并由此而成就了自身和印象。这也是康德的先验想象力应该具有的特点。当然，海德格尔讲的时间性（Zeitlichkeit）将胡塞尔那里还有心理特点的内时间结构生存化了，或者说是缘在（Da-sein）化、在缘化了，但是保存了滞留和前摄的那种最自发的前对象化的构成性。于是他称时间性的三个向度——将来、已在和现在——为"出神态"（Ekstasen）（《在与时》，第329页）。出神态是完全介词化的——"zu ..."（去）、"auf ..."（在……之上）、"bei ..."（在……旁边），也就是纯趋态、形式指引化而待完成的，像滞留和前摄那样没有自性；但它们在其"出乎自身"或"外于自身"里，必会交织为、先验综合为一体而得其自身之"神"，也就是其时间态或时机化（Zeitigung）的神韵，由此而构成意义和对存在的恍惚领会。所以时间性的本性"就是在这些出神态统一中的时机化"（同上页）。这样的原发时间就不允许有原印象和先验主体的特权地位，它的源头在将来而非现在。这种时间性就是人类获得生存意义、存在经验（含世界和众存在者）和存在领会的不二本源。

海德格尔讲的所有重要的肯定性词语，无论是缘在与世界、去存在（Zu-sein）和总是我（Jemeinigkeit）、在世界中存在和称手状态、理解与共存在、害怕与恐惧、牵心与牵挂、朝死存在与先行决断，等等，无不带有滞留与前摄的发生性张力,没有现成的对象性,总处于生产性的生存构造之中。所以《存在与时间》先揭示缘在的本质为牵挂(Sorge),"存在于……状态里、已经在……之中的先于自身",然后再暴露此牵挂的纯时间本性,"已在着的和当前化着的将来"(《在与时》,第326页),或上面已经引述的"原发的在自身中和为了自身的'外于自身'",将康德关于先验想象力和胡塞尔关于内时间意识的思想绷紧成了一种不容任何境外之物染指的纯发生机制。

三 人与其他动物的时间性区别:两种记忆

康德《纯批》的现象学闪现和20世纪的现象学时间研究,开启了理解人的本性和世界本性的新视野。在主体性和单纯的感觉经验之前,意义与存在已经发生,世界已经出现,其生成的根基就在原本的时间性和时间体验。这个思想的革命性甚至超出了它的提出者们的理解视域,而如何充分地消化它到现在还是个挑战。这里边的一个具体问题就是:如果是时间经验在先,那么人的时间经验相比于其他的生物,有什么特别之处?甚至海德格尔也没有意识到这个问题的尖锐性,只是习惯性地认定人才是缘在(Dasein),人才有世界,有开启的真理和时间性,动物们都没有。其实,如果主体性、理性这

第5章 想象力与历时记忆

些传统定义人的东西不再有超时间性的特权,光凭一种笼统的时间体验是无法区分人与其他动物的。例如,动物应该也能够知觉时间客体,比如声音,甚至旋律;那么,它们也就要通过胡塞尔描述的内时间结构来知觉到这些客体。既然有这种内时间结构,它们的意识(恕我僭用它于此)中也必有意识流和内时间流。又比如,动物如黑猩猩有没有海德格尔讲的"在世界中存在"(In-der-Welt-sein)的生存形态呢?如果它们能够"称手地"使用工具,能够与其他的同类"共存在",有"咕噜"式的闲聊交流,有雨中舞蹈的娱乐,有"黑猩猩的政治",它们会没有自己的世界吗?

这并不是在否认人与其他动物有意义重大的区别,只是怀疑基于胡塞尔和海德格尔的时间视野,乃至从亚里士多德开始的区别人与动物的标准,我们能否做出这种区别。如果这里是含糊一片,人的真实的独特性就会被淹没。于是,在一些认真思考的人们那里,不仅主体消失了,连人也要消失了。我这里所关注的,恰恰是要在这个新的思想形势中,通过发现时间性的不同样式来找到人的独特性,尽管它可能已经没有什么可令我们像以往那样骄傲和不顾及其他生命内在价值的特权地位了。

认知科学似乎提供了某种有用的提示,而如果现象学的适度自然化是合理的,或不可避免的,那么利用这种提示就不应被视为非现象学的举动。毕竟,开创现象学的胡塞尔和揭示身体现象学的梅洛-庞蒂都实质性地汲取过心理学、神经病理学的东西。引起我兴趣的是，图尔伍因（Endel Tulving）、孟采尔（Charles Menzel）等一批心理学、人类学、灵长类学的研究者们——他们之间也有区别——发现，正常的人类成员具有两种记忆，它们都凭借内时间的经验能力才可能（孟采尔），但其中的一种要凭借更特别的、进化上更晚出的内时间的能力才可能，所以通过它可以将人类与其他动物区别开来（图尔伍因）。这种记忆被称作"历时记忆"（episodic memory，又可译作"历事记忆""往事记忆"），而另一种记忆则是人与其他一些动物共有的，叫"语义记忆"（semantic memory）。[1]

简单说来，历时记忆是一种"时间旅行"（time travel）（《缺环》，第9页），人在其中活生生地、有自觉意识地重温自己曾经经历过的往事。而语义记忆则是除掉历时记忆之外的所有其他的记忆能力和活动。图尔伍因在一张表格中对比了它们（《缺环》，第11页）。他承认语义记忆是一种有力的认知，能够识别、储存和使用关于世界的可分享知识。它是表象性的、可命题化或有真假可言的、可用作推理基础的、可被符号化的、伴随着理智的意识自觉（noetic

---

[1] Endel Tulving: "Episodic Memory and Autonoesis: Uniquely Human?", *The Missing Link in Cognition Origins of Self-Reflective Consciousness*（《在自反思意识的认知起源处的缺环》，简称《缺环》），ed. H. S. Terrace and J. Metcalfe, Oxford University Press, 2005, pp.3~56.

conscious awareness），但不要求，甚至无关于对时间的自觉。可以想见，这已经是一种强大的理智能力，从中可以出现相当多姿多彩的意识现象，比如高等哺乳动物和人类幼儿所具有的。而且，它让我想起当代早期分析哲学的特点。而历时记忆基于语义记忆，也就是说，它有语义记忆的所有功能，但还多出了时间穿行、伴随着自识意识自觉（autonoetic conscious awareness）等"主观的"能力或维度。而且，对于过去亲历事情的回忆能力可以翻转为对未来事情的预期和谋划（《缺环》，第20页）。它让我想起胡塞尔的现象学。

这里的关键是区分再认（recognition）与回忆（recall, remembering）。一条狗在某处埋了一块骨头，过了一段时间再来找到它，挖出来享用。按照图尔伍因和其他一些认知科学家，仅仅这个事实并不能证明这狗有回忆能力，但可以证明它有再认能力。它多半只是凭借视觉、嗅觉等表象性地记住了埋骨头的环境特征，然后在生理信号如饥饿的驱使下循此语义记忆而再认那个地方，找回骨头。松鼠找回自己藏的松果，候鸟飞回以前繁殖的地方，都可以被看作是这种再认型认知的例子，其中并没有穿越时间的回忆，也就是回想起它是在哪一时刻、如何藏下松果，或去年它如何到达那繁殖地，在那里如何度过快乐的时光，经历了多少件趣事。"语义记忆使个体能够在时间2认识到（know）在某个更早的时间1发生的事情，但是它不能使此个体回忆起（remember）发生了什么"（《缺环》，第18页），因为这种记忆不带有"时间记号"。基于这种记忆，但再进一步，个体还能够历历在目地回忆起以前自己所亲身经历的事情，那就是历时记忆了。它被认为是进化中最后出现的，依靠的是大脑的前端皮层（prefrontal cortex）等区域（《缺环》，第11页）。

图尔伍因又举人类的例子来说明两者区别。4~5岁的儿童开始有历时记忆，表现在能够回忆起自身的经历。而3岁以下的孩子一般没有这个能力。你可以容易地教会3~4岁的孩子一种新的颜色名字，但是当你问他/她们什么时候学会这个名字时，大多数小家伙会声称自己一直就知道它。而5岁以上的孩子则基本上会承认是那天刚学会的（《缺环》，第32页）。

另一个著名例子是K. C.，一位加拿大人，1981年在一次交通事故中大脑受损。重要的是这次损伤并没有影响他以前得到的知识，或伤害他的语义记忆；他丧失的只是回忆以往的个人经历的能力，或者说，他丧失了历时记忆。因此，他的理智能力是正常的，思维清晰，语言与常人无异，可读书写字，辨认物体并命名它们。一般的想象力也正常，能闭上眼正确描述多伦多的地标CN塔。他的数学、历史、地理和其他学科的能力也符合他受到的教育水平。他能下棋、玩牌、弹琴，甚至还有小幽默感。他的一般记忆也正常，能记住他自己以往生活的客观的、公共的语义信息,像自己的生日、以前上过的学校、以前自己车的颜色,等等。总之,从一个观察者的角度能够知道的关于他的信息,他都保持着。他的短期记忆也基本正常。但是,他丧失了一切对他个人经历的回忆能力,对于那次交通事故之前和之后所有自己经历过的事情,包括与他很亲近的兄长突然死亡这样的事件,他一件也记不住。比如,他可以记住他以前住过九年的房子的地址,当站在它面前时,可以认出它,但就是回忆不出一件那里边发生在他身上的事情(《缺环》,第24页)。也就是说,他丧失了4~6岁孩子讲述自己经历的能力,却保留了5~10岁孩子具有的更高水平上的文化意识(《缺环》,第26页)。一句话,他能知道时间,但不能经历时间。图尔伍因认为这说明这两种记忆——语义记忆和历时记忆——分属不同的神经机制(《缺环》,第24页)。用我们以上讨论过的康德的术语来讲就是,K. C. 的统觉的统一化功能还可运作,但是他的统觉的自身意识——那是在先验想象力的最纯粹运作中构成的——的功能出了问题,使他无法再生出关于自己过去经历的记忆。

四 人类做时间旅行的方式

基于以上事实,图尔伍因区分了两种时间——物理时间与主观时间。他写道:"历时记忆在其中运行的时间与所有物理的和生物的事件运行于其中的时间是一样的，都是物理时间。但［通过历时记忆］被回忆的事件在其中发生的时间则不同了。我们称之为主观时间（subjective time）。它与物理时间有关但不同于它。"（《缺环》，第16页）只有在"主观时间"中，才会有詹姆士讲的那种回忆自身经验的"亲热感"（《缺环》，第15页）。这与胡塞尔对于物理时间与现象学时间的区分基本平行。

而且，他否认语义记忆与内在的主观时间相关，或者说，他否认动物可以有历时记忆。这一看法与胡塞尔和海德格尔倒有几分相仿，却受到了《缺环》一书中其他一些作者的质疑。照理说，语义记忆既然是记忆，就应该与内时间意识，特别是滞留相关，不然在当下如何重拾过去的信息？K. C. 能记住他多年前住过的房子的地址和样子，没有内在的多重滞留，这如何可能呢？狗去找回它以前埋藏的骨头，这里面没有内时间的保持，又如何可能？图尔伍因用不带有时间记号的再认来解释，但是，无论这狗记住的是环境、是空间布局还是要找回骨头时的行为方式，它毕竟是在靠自己做一件跨时间的认知事情，所以不管有没有时间记号，这行为是以某种对于过去的保留为前提的。一句话，再认之"再"（re-）中必有内时间的滞留（Re-tention）作用。

而且，一些新实验表明，甚至某种动物的行为中也有时间记号。比如克莱顿（Clayton）和狄金森（Dickinson）

观察到，小松鸦（scrub jays）秘藏的食物中，有些（比如蠕虫、蟋蟀）是可腐败的，所以要在几天内吃掉它们，于是就要将收藏它们与收藏种子和坚果等不易腐败食物的时间记住并区别开。小松鸦的确做到了这一点，说明它们的重拾经验中有时间记号（《缺环》，第 37 页）。图尔伍因承认，如果这个观察实验在 1972 年就做成了，那么就会在当时证明小松鸦也有历时记忆（《缺环》，第 47 页），但由于科学的进展，这个判定历时记忆是否存在的标准也改变了，门槛抬高了，所以这个实验只是说明：这聪明的小动物"基于某种不同于回忆的其他原因，知道在要重新发现食物时如何行动"（《缺环》，第 38 页）而已。但孟采尔提出了更强劲、更难反驳的实验证据，表明起码在一只叫潘泽（Panzee）的黑猩猩那里，存在着真实的回忆（recall），不只是再认（recognition）（《缺环》，第 212、214 页）。[1] 的确，实验设计得非常严密，在不同层次和变化的条件中一再重复，设置了排除其他解释可能的多重措施，有相当强的说服力。当然，由于对于"回忆"，特别是"历时记忆"的定义本身的含糊性和可变性，甚至这个实验也不能最终判决动物也有历时记忆。但它起码极大增强了这样一个论断的可信力，即动物是有内时间意识的，

---

[1] 孟采尔的文章是："Progress in the Study of Chimpanzee Recall and Episodic Memory"，《缺环》第 188~224 页。

特别是滞留的。就此而言，康德、胡塞尔和海德格尔有关先验想象力和原本时间的观点中的人类中心论，应该被视为是站不住的。

但这绝不是在否认人类与动物（哪怕是我们的灵长类表兄黑猩猩）的内时间意识之间的重大区别，只是认为它不应被表述为内时间之有无，或内在价值和生存权利有无那样的高低区别，而只是内时间意识样式的不同，或进化的先后以及功能差异式的区别。图尔伍因讲的可以做时间穿行和伴以自识意识的历时记忆，其他动物如黑猩猩即便有，其成熟和发达程度与人类的也不可同日而语，因为这种巨大差异从黑猩猩与人类基本的行为和自组织方式上就可以看出。

那么，这差异源自何处呢？或许应该到滞留的方式上找答案。据图尔伍因的说明，语义记忆保持的是时间2与时间1之间的认知信息联系，比如 K. C. 记住的他家老宅的地址、他以前上过的学校名字，而历时记忆保持的是两个时间之间的认知信息联系再加上获得那信息的途径（怎么知道那老宅地址的）和那种途径处于自己所经历的过去相位的认识（自识）。所以，如果语义记忆可比作自身过去与自身现在的电子邮件联系方式的话，那么历时记忆就可比作这种过去与现在之间的视频和声音的联系方式，以及对于这种联系的时相的自觉，也就是在回忆时意识到这是现在的我在回忆。所以，历时记忆需要的联系通道和信息流量要比语义记忆大得多，也就是对于滞留的深度、广度和层次密度的要求要高得多。这种滞留质量的改进应该与进化过程中发生的神经生理比如脑结构的改变有关，而这种改变的原因则要归于早期人类的环境诱导、基因变异和环境选择。毕竟，人类自从直立行走以来，所感受的进化压力的方向就不同于其他哺乳类和高等灵长类的了。

胡塞尔对于与再造、当下化相关的意识现象做了比较细致的区分和辨析。比如他将回忆与图像意识（根据一个相似客体进行的再造）区分开来（《内时间》，第28节），又将不设定的单纯的想象与设定的再造区别开来。所谓"设定的"（setzend），这里是指"将被再造的显现编排到内时间的存在联系之中"（《内时间》，第416页）。一个单纯的想象再造当然没有包含这种"编排"，而一个真正的回忆肯定是含有它的。对于以上那些认知科学家们谈论的语义记忆与历时记忆的区别，胡塞尔好像也做出了，当然是从内时间意识分析的现象学角度。他写道：

> 再回忆可以出现在不同的进行形式（Vollzugsformen）中。或者，我们在一个素朴的抓取中进行再回忆，恰如一个回忆"出现"，而我们在一个目光束中看向被回忆之物，这时的被回忆之物是模糊的，或许它直观地带来了一个被偏好的瞬间相位，但却不是

> 重复性的回忆。或者，我们真的是在进行一个再生产的、重复性的回忆。在这个回忆中，时间对象是在一个当下化的连续统中再次完整地建造起自身，我们仿佛是再一次感知到它，但也仅仅是仿佛而已。……[在后者那里,]所有这一切都带有再造性变异的标识。（《内时间》，第397页；第15节）

第一个"或者"到第二个"或者"之间讲的应该是语义记忆。它是再忆，但是在"一个素朴的抓取中"进行的。尽管它使过去信息出现，但不带有时间穿行的标识（被编排到内时间系列中的信息）和相关的自识意识。所以它不是一个重复性的回忆，它只是保持某种联系而已。第二个"或者"之后讲的应该是历时记忆，它是"一个再生产的、重复性的回忆"。于是我们仿佛再一次感知到它，重新活生生地体验到自己过去的经验，同时自觉到这"仿佛"，也就是清楚地认识到它是在过去发生在我身上，而不是现在才出现的。所以它保持住了更多的东西，也就是，保持了记忆的回旋或生动重复的可能。

对于这两种记忆的区别，胡塞尔还有更多的谈论，比如在《内时间》第29节中讲的"当下回忆"，就近乎语义记忆。它可以是根据一个以前感知的当下拥有。"这个'回忆图像'服务于我，但我并不在其归属于它的延续中将这个被回忆之物设定为它本身，即不把它设定为

第5章　想象力与历时记忆

内回忆的对象之物。……我们并不将它设定为'过去的'。"（《内时间》，第417页）而关于历时记忆，则有更多的谈论和例子，比如那个"回忆灯火通明的剧院"的例子（《内时间》，第27节）。这种记忆的深远化形态，比如儒家鼓励的回忆父母养育之恩的形态，应该是我们这种人类所独有的。但是，正如胡塞尔所指出的，所有这些"回顾"，都是因为滞留和滞留造就的内时间之流才可能（《内时间》，附录9）。这是胡塞尔比图尔伍因深刻而清醒的地方。

在海德格尔那里，人完全是一个时间化的存在者，所以他/她"总是"在"去存在"或生存论的前摄与滞留之中"成为我"。生存论的前摄是将来，即"让自己去来到自身"（《在与时》，第325页）；而生存论的滞留则是已在（已经了的正在存在），即"去回来"（《在与时》，第326页）。而时间性就是它们的当下交织，或者说是在它们的交织中释放出当下。而真正切身的已在或去回来表现为取回，应该是它使得历时记忆可能。而不真正切身的已在或去回来则是遗忘，但遗忘不同于"不能取回、不能回忆"，它只是混玩得忘了或故意忘了自己最深切的"去回来"，而只让这"去回来"表现为日常记忆（《在与时》，第339页）。

所以，海德格尔讲的真正切身的已在，或取回，与《缺环》中讲的历时记忆更相近，尽管比它更原本，因为这取回首先是非对象化或非现成的。不过，就其切身性而言，两者有相似处。他讲的不真正切身的已在，遗忘中的记忆,则可约略地相比于《缺环》中讲的语义记忆,其中缺少深透的自识。但两种观点间有一个重要的区别,即海德格尔认为不真正切身的要依据真正切身的缘在形态才可能(《在与时》,第42～43页),具体到这里就是日常记忆要靠取回才可能;而认知科学发现无论就脑结构还是功能表现而言,语义记忆都比历时记忆更基本、更独立。K. C. 那里历时记忆基本消失,但语义记忆的功能不减或大部分还在。其他的非人类动物可以在历时记忆缺席或不发达的情况下有很发达的语义记忆,所以图尔伍因要反过来主张历时记忆要以语义记忆为前提。但如上所言,这语义记忆或一切记忆必须以内时间中的滞留乃至滞留与前摄的交织为前提,这却是科学家们常常"遗忘"的。如果取回这个现象学前提,那么语义记忆与历时记忆之间并没有价值"种类"的区别,而只有被保持的信息大小的"程度"区别了。这却是迄今一些科学家和大多数哲学家们不愿意接受的。

结语:知父母恩的时机样式

"养儿方知父母恩",绝大多数人类存在者只能"以'去来到'[将来]的方式'去回到'[回忆起]自身"(Zukünftig auf sich zurückkommend)(《在与时》,第42～43页),也就是以朝向自己儿女的这种"存在者式的"将来方式回忆到父母待自己的恩情。但是这种能让人知恩的回忆本身却正是我们这种人类的特点。凭借康德、胡塞尔、海德格尔等哲学家和图尔伍因等科学家的努力，我们发现人类的"理性"特征的源泉是在先验的想象力和原本时间感中，而非先验主体性的同一性中，在历时记忆而非语义记忆中。以往认为是理性的最典型表现的特点，比如逻辑推理、冷静的客观记录和思维，原来与语义记忆更相关；而更深的理性与人性则要从会讲述自身故事的能力开始，在原本地、生动地回忆自身（它可以是个体的，但首先应该是超个体的）和设想超个体的未来中达到极致。因此《周易》就先行地告诉我们："复，其见天地之心"；"彰往而察来，而微显阐幽"。

第 6 章

乱伦禁忌与孝道

乱伦禁忌及它导致的外婚制（exogamy）被一些学者认为是人类制度之源，而孝道则被儒家看作"德之本也，教之所由生也"（《孝经·开宗明义》）。它们之间有何关系？

一 乱伦禁忌的含义

乱伦指近亲——特别是父女、母子、亲兄妹——之间的性行为及其生育和文化的后果。乱伦禁忌则是人类群体和个人对它的禁制和厌弃。

乱伦与繁殖的性别化内在相关。生命最早是无性繁殖的，比如通过分裂、形成胚芽、匍匐枝方式繁殖，相比于后来出现的有性繁殖，它是更自足、方便和稳定的繁衍方式。比如有的竹节虫已经有百万年无性繁殖史，有的水母靠无性繁殖几可永生。而有了性别和有性繁殖之后，一个生命体天生就有了根本性的欠缺。要繁殖就要两个不同性别个体的单倍染色体结合起来，又麻烦又危险又痛苦。有了性，就有了生命世界中最大的制度，自足的圆球被剖成两片，它们之间的结合只能按照某种时机和规矩进行。"分阴分阳，迭用刚柔。"（《周易·说卦》）于是有各种阴阳交合、不交合或乱交合的"卦象"。雌雄体必须分异甚至对立，但它们又相互吸引、相互选择。有性欲却满足不了，苦；相互吸引却没有机缘，烦、苦且险；雌择雄、雄择雌、雄与雄争、雌与雌斗，不经济，不快捷，出现各种意义上的光棍"汉"、怨"妇"、剩"女"，最后进入"爱情的坟墓"；因染色体在繁殖期间的分裂、交换和配对不当，有更多概率生产出怪胎、畸形和残疾。

但生物世界的女神盖娅——参见地球的盖娅假说——划分性别并不出于施虐狂，而是要得到那能应对不测未来的丰富性，即便是痛苦的和危险的。每次有性繁殖都是一次阴阳交合，产生新的阴阳样式，势必带来更多得多的新可能。不管有多少废料，在长时间的环境变化中，对于更复杂的生物物种而言，这种混乱就可能更有优势。

乱伦是对性别带来的繁殖和性选择方式的反动，是对无性繁殖的曲折"怀念"。要知道，即便在今天，无性繁殖、有性无性交替繁殖、雌雄同体繁殖也还在一些动植物中存在(《性现象》,第22~32页)[1]。乱伦利用性别的构架,但违背性别的开放重组、追求多样的倾向,将"重组"统合回近亲一体的小圈子内。所以乱伦也具有某种自然性和道理。家庭或家族成员有性别,而性别本来就是为性交和繁殖而设,人类的寿命长度又足以让近亲的不同性别成员之间发生性关系,生活在一家里边还为这种关系的发生提供了方便。甚至为了保存家庭或家族的财产(土地、房屋等)和某种传统(如某种特别技能),近交也有其意义。所以我们可以设想生命史、动物史和人种史上,乱伦对性别的反攻,甚至是局部的胜利。人类对其他生物的育种史则充满了内交、回交。

但时间站在性别的一边。乱伦最终还是要输于性别原则,除非主宰这个世界的时潮变得更少起伏和湍流。没有任何物种,包括人类,明确地知道将来什么样的身体结构和生存方式适应那时的形势,所以种群和物种的大量灭亡是不可避免的。有性繁殖在付出巨大代价、脱落掉那些不良畸变之后,仍然能够产生出比无性繁殖和近亲繁殖更能应对关键时期新环境挑战的家族和种群(《性现象》,第19~22页,第36页)。所以,对乱伦的禁忌可能在有性繁殖之初就潜藏着,到哺乳类、灵长类,特别是

---

[1] 海因里希·灿克尔:《性现象——关于性别的"小"差异》(简称《性现象》),张云毅译,北京:商务印书馆,2001年。

人类则越来越明显,并不像一些社会学家如涂尔干认为的,只是由某种社会文化如氏族图腾崇拜所造成,尽管他们的学说中也有某种合理成分,因为生命群体,包括人类并不百分之百认同性别原则,同性繁殖的现实和愿望一直没有灭绝。

就此而言,甚至弗洛伊德的"俄狄浦斯情结"之说也不完全是无稽之谈。但毕竟,性别早已成为较复杂生命种类的主导原则和本能,在人类这里被制度化为乱伦禁忌和外婚制。可以说,我们身上背负着全部生命的历史和本能。

二 乱伦禁忌与家庭

乱伦禁忌与人类家庭有内在关联。对于人类而言,乱伦与乱伦禁忌都不仅是生物性的,而且渗入了文化与社会制度的影响和解释。例如在有的民族中,与父系表兄妹的通婚是乱伦,但与母系姨表兄妹的通婚就不算。可见此禁忌有文化和制度的解释空间。

但在乱伦禁忌的核心处,有某种为绝大多数群体承认的认知和规范,即父女、母子和亲兄妹这样的直系亲人之间是不应该有性关系和生殖的。亲子之间的乱伦最不被容忍,因为它直接颠覆家庭的生存时间本性(原因见下面最后一节)。

尽管一个乱伦的家庭从表面看还是家庭,而且似乎更"亲亲",即所谓"亲上加亲",比如加西亚·马尔克斯的《百年孤独》所表现的,但它正在摧毁家庭的根基。

摩尔根在太平洋岛屿、大洋洲等处于"野蛮状态"中的原始部落中发现了泛父、泛母和泛兄妹的称呼,而不是相关的事实,就据此及他认定的规则——称谓(语言中的亲属制)变化慢于实际状况(现实中的亲属关系)——而推定,更早时没有家族内同代人之间的乱伦禁忌,也就是没有真正的家庭,只有他所谓的实行家族内共夫共妻制的"血缘家族"(《古代社会》,第三编第二章)。其后马克思和恩格斯据此而有共产主义理论,主张人类从原始无家的共产主义经有国家的阶级社会(对应单偶制家庭和私有制),辩证发展到高级无家的共产主义社会。但20世纪人类学否定了摩尔根这一曾颇有影响但相当草率的推断(看看它如何解释中国的九族称谓就知道这种推理——而不是摩尔根的一些重要研究成果——的草率性了),肯定乱伦禁忌和人类家族的内在关联。

列维-斯特劳斯写道:"他们[观察家和理论家们]一律摒弃那种陈旧的理论:[这理论]认为在人类历史上家庭出现以前,有一个所谓'原始杂处'阶段。""家庭只有置于义务与禁律这一人工网的网眼上时,社会才允许家庭持续存在。""事实上禁婚[乱伦禁忌造成的婚姻范围限制]规定普遍存在,所以每一个家庭都由来自

另外两个家庭的人结合而成……来自另外两个家庭的破裂。"(《家庭史·序》)

按这种观点，乱伦禁忌是文化施加于人的生物性需求之上的社会制约，它们的相互妥协造就了家庭。而本书的观点则认为：人乃至生命界的性别天性本身就含有"制度"制约或繁殖结构，它们在人类这里被升格成了乱伦禁忌和外婚制，同时造就了家庭；而更古老的同性繁殖并没有完全消失，在有性别的生命世界中也有遗存，甚至在人类的性爱关系和家庭关系上也还有边缘存在。比如乱伦冲动虽是反常的，但可视为一种边缘化的返祖生命本能，因此也才有去"禁"它"忌"它的必要，不然何劳此一举？

换言之，人的本性并非一体化的，而有主导本性（天地本性、阿波罗本性）和次本性（偏邪本性、酒神本性）之别，因而本身就有规范两者关系的"制度"。家就是这个制度的人间体现，而健全、现实的亲子关系和亲属关系，是此制度引导的天性实现。

三 乱伦禁忌与亲子（父子）关系

更具体地说来，乱伦禁忌为何会在人类生存群体中普遍出现呢？西方思想家们曾给出过一些解释，比如涂尔干在《乱伦禁忌及其起源》中就告之：柏拉图为了在他设计的理想国中不断生产出合格的统治阶层成员，就

第6章 乱伦禁忌与孝道

主张必须只选择优秀的适龄男女来相配,其中触及避免乱伦以优生的话题(《国家篇》,第五卷;《法篇》,第六、八卷)。但从本书下一章("乱伦与理想国")可见,他不但避免不了精神乱伦,甚至还直接同意同代人中的身体乱伦(《国家篇》,第五卷,461D~E)。其他为乱伦禁忌提出的理由,有亚里士多德和奥古斯丁的"防止情感狭隘"说,路德的"防止无爱而为家产完整去结婚"说,以及孟德斯鸠等人的"乱伦导致种族退化"说。儒家则提出了另一种理由,即乱伦破坏亲子关系,特别是父子关系说。

在这个背景下,才可以深切理解《礼记·郊特牲》中的这一段话:

> 夫昏[婚]礼,万世之始也。取[娶]于异姓,所以附远厚别也。……男女有别,然后父子亲。父子亲,然后义生。义生,然后礼作。礼作,然后万物安。无别无义,禽兽之道也。

这里讲的"男女有别",就是将性别原则推及人类,在家庭和家族内防止男女乱伦,将亲亲之爱(亲爱)与男女之爱(性爱)严格区别和隔离,于是就必须"取[娶]于异姓,所以附远厚别"。"附远"就是与外边的、远处的异姓家族或氏族联姻,"厚别"则是看重婚姻中的区别原则,或他者原则。从这种"别""区别"或"男女有别"

出发,才有"父子亲"。为什么呢?因为亲爱化的性爱或不附远厚别的性爱会反噬亲爱。

对此,可以想到的具体原因是:近亲或直系亲属之间的婚姻会在家庭成员之间引发"可能有性关系"的预期,而家中本来就有亲近的机会,一旦有了这方面的想法、欲望,唤起被囚的偏邪之性,那么这欲望就较容易被满足,家中的性关系必乱,同代间的乱伦也可能蔓延到不同代之间,于是子女与父母之间的亲子关系就会被模糊乃至破坏。此外,如果兄妹结婚,妻子就来自本家,就很容易与此家中的其他女人联合起来一起抚养后代,"丈夫"或"父亲"在养育子女中的必要角色就会被淡化或顶替掉,由此导致亲子,特别是父子关系的疏远。因此可以说"男女不别,父子不亲"(《郭店楚简·六德》)[1]。

相反,如果有乱伦禁忌导致的外婚制,则妻子来自外姓,她与丈夫的关系在家族内就是独特唯一的,她与这家族内其他女人的联系也要通过她的丈夫来建立。这样,抚养人类婴儿这个动物界里几乎是最艰难的养育事业就非有丈夫的合作而不易成功。于是,父母尤其是父亲与子女的关系就有了质的改进和增强。所以说"男女有别,然后父子亲"。

---

1 李零:《郭店楚简校读记》(简称《郭店楚简》),北京:北京大学出版社,2002年。

四 亲子关系与孝道

乱伦禁忌凸显了父母亲养育子女的经验,这对于孝行的出现有着决定性的意义,因为孝是亲子之爱(亲亲的首义)的一种,是回应父母慈爱的后起者,亲子间的生存时间性——过去与将来的交织——对于它是生命线。

上面引文讲"父子亲,然后义生"。"义"首先是"仪"(《说文·我部》:"义,己之威仪也。"),而此仪既指礼仪、礼节,也意味着容貌、风度和准则、尺度。于是"义"就有适宜、正当、善好、正义、意义等意。这里讲的"义生"之义里,就包含着孝。父母之慈爱是忘我的纯自发之爱,极其伟大博厚,是义之前提,但其本身却还不是义;因为它虽美善,却不必含自身意识和礼仪意识。所以父母慈,子女也可不肖。而孝意识的出现,特别是对于青春期过后的人而言,却几乎必有自身意识和敬爱化的礼仪意识,所以其中有义。

孝是人的待发本性,乃反本报源的爱敬意识和继承意识,所以非有深远的做时间旅行的意义保持或历时记忆能力而不可。也就是在子女的深层意识中,记住了或回忆出了父母祖先的养育之恩,不论是可对象化、事件化之恩,还是非对象化和非事件化之恩。由此形成溯源之意识流。

乱伦禁忌使父母亲对子女的养育之恩凸显于子女的

生存经验之中，又通过子女本身的外源婚姻造就的养子经历而再次反溯回去，由此为孝意识的"逆流而上"的爱敬意识造成生存结构上的可能。"义生，然后礼作。礼作，然后万物［民族生存结构］安。"

　　总之，"亲亲"或"亲爱"是人类生存的时间之流，既有顺物理时间之流而下的慈爱之流向，又有逆物理时间之流而上的孝爱流向。而"性亲"即性爱与亲爱的混淆就是乱伦，会搅乱亲亲时流，因为这本不应该有生存时间身份的性爱也具有了某种时流性。亲子间乱伦使性爱有了代际的亲子时间性，乃孝爱时间的癌变；而兄妹间乱伦则使其性爱有了同代内的长幼时间性，即悌爱时间的癌变。乱伦禁忌正是要剥夺掉性爱的生存时间性，使之完全空间化，也就是外婚化，让它只出现于家庭的内外交通的生存空间中。

　　这样的一个由亲亲时间化和夫妻空间化构成的家庭，才是一个具有生存能力的健全家庭。而孝道除了它本身的人性建构功能之外，也可被看作对性别原则所包含的分裂生命体后果的一种补偿，使斯特劳斯讲的"每个家庭……都来自另外两个家庭的破裂"的局面得到生存时间的反向修补和新鲜滋润。

第四部分

西方人遭遇的乱伦与孝道

第 7 章

乱伦与理想国

乱伦是一个具有深远意义的现象,如何看待它及其相关的一系列问题,影响到我们对人性和人类自组织方式,当然首先是家庭的理解。尤其是在西方文化中,这个现象自古就令人焦虑、恐惧、着迷,明显地影响到这个文明对自身的表达。"他们〔某些天主教如方济各会的神学家和世俗作者们〕强调:基督同时是玛利亚的父亲、丈夫、兄弟和儿子,即使基督否认他的世俗家庭,他也还是具有他自身的父亲和儿子的地位(并且,依此类推,他也是全人类之父)。"(*End of Kinship*, p.12)[1] 即便可以用"精神的乱伦"(*End of Kinship*, p.12)来解释这种"圣

---

[1] Marc Shell: *The End of Kinship: "Measure for Measure", Incest, and the Ideal of Universal Siblinghood*(简称 "*End of Kinship*"), Baltimore and London: The Johns Hopkins University Press, 1995 (1988, Stanford University Press), p.12.

家庭"关系,但基督乃"道成肉身"(incarnation)的神学解释,还是使之无法周延,何况,即便精神的乱伦也还是乱伦。本章在解释古希腊的乱伦文化和哲理时,主要就关心这种乱伦。要论证的主旨是:作为古希腊哲学乃至西方哲学的顶峰,柏拉图的《理想国》(又译《国家篇》《共和国》等),其核心思想与乱伦现象有关。

一 乱伦的来源与含义

乱伦指近亲之间的性行为及其导致的后果。问题是:它只是对正常、正当的伦理关系的偏离或病变,还是一种有人性依据的重要的人类学现象?许多西方思想家如巴霍芬、摩尔根、麦克伦南、马克思、弗洛伊德、斯特劳斯等,都或明或暗地主张、赞同乱伦冲动的人性解释或生物学解释,而威斯特马克(1882~1939)和当代的一些人类学家(*Inbreeding*)[1]则持前一种解释,即乱伦不是人类的主导天性,只是由某种不正常的环境或生理歧出所导致。其中一个颇有影响的、以上第3章第4节提及的"威氏效应"的学说讲的是:自小亲密地生活在

---

1 参见 *Inbreeding, Incest, and the Incest Taboo: The State of Knowledge at the Turn of the Century*(简称"*Inbreeding*"), ed. A. P. Wolf & W. H. Durham, Stanford, California: Stanford University Press, 2005。

第7章 乱伦与理想国

一起的人,长大后对于对方没有什么性兴趣——自小亲亲而寡性趣。这个学说加上乱伦后代萎弱说或多病说,让这一派主张:乱伦禁忌(incest taboo)乃人类天然情感和本能的表达,是对自然选择的适应。

两说各有一定道理,却未能讲透。人类学家看到的几乎所有的人类社会都有某种形式的——明显的或隐含的——乱伦禁忌,不允许甚至严厉惩罚近亲之间的性行为,配偶必须到家庭乃至氏族之外去获得。对这同一个现象,两边却有不同解释。第二派认为它恰是人类主导本性的制度性表现,无足怪也。第一派(以弗洛伊德为代表)却主张,既然它是"禁忌",就一定有强烈的相反冲动需要来禁,不然就会只是日行而不知的行为模式罢了,比如人类不吃有毒食物的行为方式,就无需禁忌去禁出来。所以,人类必有生物心理学上的乱伦冲动,而为了家庭和社会的必要秩序,才有了此类禁忌。有的思想家如列维-斯特劳斯就因此将乱伦禁忌看作人类所有制度的起源,并视之为文化和制度层次上的人类创造。即使在这一派里,对于人类历史上是否有过无任何家庭形式可言的"乱交"(promiscuity)形态,也有截然不同的看法。巴霍芬、麦克伦南、斯宾塞据已说而肯定此形态,摩尔根则从原始人的亲属称谓推断出有这个无家阶段,马克思接受之并发展成为共产主义学说;而斯特劳斯等人否定之,认为人类一直就有乱伦禁忌,它的出现不会晚于语言的出现。[1]由这些思想冲突的形式和深度看来,乱伦的确是触及如何理解人性和人类制度合理性的一个思想枢纽。

乱伦似乎并不是完全没有生理和心理基础的胡来。生物学告诉我们,生命起源于无性生殖,比如分裂繁殖、出芽繁殖等,有性生殖是后起的,而且还有雌雄同体的生殖,曾是有性繁殖的古老形式(《性现象》,第31页)。有性繁殖比无性繁殖麻烦得多、危险得多,雌雄各是一个个体,双方要在适当的时候以适当的方式交合,才能产生后代。这其中任何一个环节出现问题,都会导致繁殖失败。而无性繁殖则避开了所有这些麻烦,自身复制,既简捷得多,也稳定和安全得多。可以说,从繁殖方式上看来,无性繁殖是内在化、同一化、趋向永恒的(有的可无性繁殖的物种如某种贝蟥是不会衰老的,[2]最近瑞典还发现一株无性繁殖的9500年的欧洲云杉),而有性繁殖是外在化、异质化和趋向变异的。有性繁殖的优点

---

[1] 如何限定"人类"的含义,会影响到对"人类有没有过乱交历史?"这个问题的回答。如果将语言的出现看作与我们直接相关的人类标志,那么就会有更多的学者对此问题给予否定的回答。相反,如果将人类视为"人科"(hominid),两三百万年前已经出现,那么选择肯定或否定回答的人会增多。但摩尔根应该是在前一种人类含义上讲人类的乱交阶段,因为如果讲的不是现代人类(Homo sapiens,现代智人),而是直立人乃至能人,那么这种断言对于理解我们这种人的社会进化就意义不大。

[2] 参见 http://life.kexue.com/2013/0910/34949.html。

第7章 乱伦与理想国

只是在付出巨大代价后赢得的基因的多样性，或物种的变异能力，但正是这一点使有性繁殖可以适应各种环境，取得迄今为止更大的进化优势。

乱伦因有性繁殖而生，因为由此种繁殖才有性行为。但无性繁殖（及雌雄同体繁殖）却是一种隐性的"元"乱伦，自己与自己"相交"而产生后代，比亲子相交生出后代还要畸近。但它似乎是无辜的、清白的，因它是无性的。[1] 可是，在有性之后还要向往无性，力图"抄近"而交生，就是明显的乱伦。可见乱伦有其生命之根，即在它的可能性之前的可能性，或那使有性可能的无性及同体异性。"单性生殖〔比如不受精的卵子直接发育为后代个体。可理解为有性生物对无性繁殖的某种保存或回溯〕可能总是反复地在原本就是两性的生物中进行。单性生殖看起来在一定的时期和一定的环境条件下，似乎有着一定的优点。"（《性现象》，第16页）

有性繁殖当然会有它抵御乱伦的必要和方式。从生物学上讲，有性而乱伦的繁殖会在一定程度上导致遗传病的增多，[2] 减少后代的生存可能（Inbreeding，导言，第2、9

---

[1] 繁殖而完全无性，可能吗？为什么从方便、安全的无性一定要产生麻烦、危险的有性？这是否说明无性繁殖中已经潜伏着有性繁殖的萌芽？

[2] 这一事实与那些主张人类早期无乱伦禁忌的理论冲突。所以不少学者曾经或明或暗地否认它、掩盖它或忽视它，直到20世纪的有关调查无可辩驳地证实了它。此事实的确证是人类学等学科中思潮转向的动因之一。有的学

章等)。而避免乱伦的方式,常见的是新一代成熟后,一种性别的个体离开原来的群体,比如土狼是雄性的离开,黑猩猩是雌性的离开。而且,广义的母子、父女、兄妹之间也有某种天然的性交抑制机制,比如情感上的。但到了人类,由于终身亲属认同和核心家庭的出现,导致新一代性成熟后还有一段时间不离开父母家或再回家,增加了乱伦的可能,威氏效应也不足以有效抵御"性－情"的冲击。于是有了乱伦禁忌的必要和形成。[1] 这是人类学中折中以上两派看法的第三种解释。

从人类学哲学的视野看来,我们是被"性"套牢了的存在体,无法想象完全无性的生殖,但似乎又以某种方式被无性生殖的状态所吸引。西方文化,无论是其宗教、哲学和科学,在世界各文明体中最鲜明地表现出这种着迷。宗教上表现为唯一神论,哲学上是无性的唯理论和经验论,科学上则表现为自身演绎的数学化及其最近的克隆、干细胞等研究。它们都想找到最切近、最方便、最内在、最同一、最致命的方式来进入繁殖,也就是进

(接上页)者争辩说,内交也有保持原种群优良品质的长处。这就是另一个问题了。付出大量代价后,内交在一定时段内会有某种主动优生学的奇效,就像人类目前的发展方式,但从原则或天理上讲来,长期的内交肯定不利于种群延续。

[1] J. H. Turner & A. Maryanski: *Incest: Origin of the Taboo*, Boulder, London: Paradigm Publisher, 2005. 特别是其6、7两章。

入生命的永恒。"一切可朽者都在尽力追求不朽。生育是达到这一目的的唯一途径。"(柏拉图《会饮》,207D)[1]

二 希腊宗教与早期哲学的乱伦视野

当人类的各民族要去解释世界和人类的起源时,几乎没有不涉入乱伦的。我们已经处于性别中,却要找整个生命的起源,于是只能以性别的方式进入无性,也就只好乱性。这也可能是以两性阴阳为哲理根基的中国古代缺少起源神话的原因。从苏美尔的神话开始,世界上的创世神话几乎都涉及母子、父女和兄妹乱伦。一开始就只是一个或几个神,你叫她或他不乱伦如何再往下生?

按照《神谱》[2],大地女神盖娅(Gaea,又译作该亚)是第一批出现的神灵,[3]她(与塔耳塔罗斯)生下了天神乌兰诺斯、蓬托斯等神灵。但她又与自己的儿子乌兰诺

---

[1] 本章的柏拉图引文中译皆取自《柏拉图全集》,王晓朝译,北京:人民出版社,2003年。

[2] 本章的《神谱》中译来自《工作与时日·神谱》,赫西俄德著,张竹明、蒋平译,北京:商务印书馆,1997年。

[3] 有的学者如包威尔认为盖娅与卡俄斯(混沌)、塔耳塔罗斯(地下幽冥神)、厄罗斯(爱神)一起,属于第一批出现的神灵;而另一些学者如Donna Rosenberg则将卡俄斯当作首先出现的,盖娅等都从此混沌中产生。包威尔还认为盖娅首先与塔耳塔罗斯结合,生下乌兰诺斯等;而另一些神话学者则说盖娅独自生下了他们。这里基本上依从包威尔的解释。

斯交合，生下了她这个系列的第三代神灵，其中包括女神瑞亚和克洛诺斯。盖娅还与自己的另一个儿子蓬托斯结合，生下了另一批后代。"男女［夫妻］无别，父子不亲"（《郭店楚简》，第132页）[1]，盖娅发现乌兰诺斯对某些儿子很恶劣，将三个独眼库克洛佩斯和三个百臂五十头的儿子们关到大地深处，于是就在悲痛中策划了一个推翻丈夫的阴谋。在她的鼓动下，她这一拨子女中最小的一个，也就是"狡猾多计的克洛诺斯"，挺身而出，接过盖娅为此计划造好的一把锯齿镰刀，藏于暗处，在父亲与母亲结合时，割下他的生殖器，抛入海中，夺得了众神之王的地位。它的一个隐喻是，克洛诺斯代表的时间过程和秩序统治了天下。这时，人类进入了黄金世纪（《神谱》，第111行）。

接下来，盖娅和乌兰诺斯告诉克洛诺斯，他将被一个他自己的儿子推翻。这时他已经与自己的姐姐瑞亚婚配，为了防止子夺父位，他就将瑞亚生下的每一个孩子吞食。瑞亚在悲伤中得到盖娅和乌兰诺斯的指点，在生下宙斯时将他藏于克里特岛的地穴中，同时用一块裹在襁褓中的石头代替新生儿，给克洛诺斯吞下。宙斯长大

---

[1] 《郭店楚简·六德》。这里"男女"或夫妻之"别"（辨），主要指夫妻要不同姓，或来自不同族群，以避免乱伦；夫妇在家庭内扮演不同角色因而有别，或家庭和家族内的所有男女关系要合乎礼仪而有所区别等意思，倒在其次。

后，打败其父，夺取王位，释放了被吞食和囚禁的兄姐和叔叔们，并与其三姐赫拉结婚。但按照这希腊神谱的逻辑，他也怕被自己的儿子们推翻。无论如何，在《神谱》和古希腊世界中，宙斯保住了自己的王位。他代表着超出时间的更高秩序。但也正是在这靠霹雳与心计统治的宙斯时代，人类经过白银、青铜、英雄世纪，最后进入"不报答年迈父母的养育之恩，信奉力量就是正义"（《神谱》，第187~188行）的黑铁世纪，一个让赫西俄德"但愿或者在这之前已经死去，或者在这之后才降生"（《神谱》，第174~175行）的世纪。

尽管神可以乱伦，人却不可以，可神却是人崇拜和向往的对象。这正是悲剧之所在。希腊悲剧中最悲者莫过于杀父娶母的俄狄浦斯王。"命运啊，你跳到哪里去了？"（《悲剧经典》，第174页）[1] 人最惧怕之处，正是人最要紧处。给人带来生命与欢乐的至亲至热，一旦逆行，就变成了"最可怕的苦难"，招致"悲哀、毁灭、死亡、耻辱和一切有名称的灾难"（《悲剧经典》，第173页）。从俄狄浦斯的角度看，他杀死了那给自己生命者，又与生己者一起去再生；从他的母亲伊俄卡斯忒角度看，她"在那［自己的床榻］上面生了两种人，给丈夫生丈夫，给

---

[1] 索福克勒斯：《俄狄浦斯王》，引自《古希腊悲剧经典》上卷（简称《悲剧经典》），罗念生译，北京：作家出版社，1998年。

儿子生儿女"（《悲剧经典》，第172页）。因此，"一个万人爱戴的国王顷刻间成为万人唾弃的［罪人和］乞丐"（《悲剧经典》，第181页）。

哲学似乎处于神与人之间，以不永恒之身心去追求永恒。古希腊哲学从一开始就追求万物的本原（arche），发现在所有区别之前或之后的那个无别的生命依据。"万物虽然性质多变，但实体却始终如一，人们说，这就是一切存在着的东西的元素和本原。……泰利士认为［本原］是水……因为他看到了万物都要靠水分来滋润。"（KRS 85）[1] 所谓"无定"或"气"，也大致是这个意思。但也有的哲理含有某种有性生殖的思维方式，比如赫拉克利特、恩培多克勒等人的学说。赫氏讲："如果没有高音和低音的存在，就不会有和声；如果没有雄性和雌性的对立，也就不会有生物。"（KRS 213）"相反的力量造成和谐，就像弓与琴一样。"（KRS 209）恩氏曰："万物一时在'友爱'中结合，变成单一，/一时又因'争吵'分散，彼此离异。/这就可知单一怎样从众多出生。"（KRS 348）在毕达哥拉斯那里，无性与有性的哲理达到自觉，并发生转折。他认为"数"是本原，又认为"一"是最原本和真实的，

---

[1] 前苏格拉底哲学家残篇引文的中译取自《古希腊哲学》，苗力田主编，北京：中国人民大学出版社，1989年。"KR""KRS"分别指《苏格拉底以前的哲学家》第一、二版，后面的数字是原书条目的序码。具体说明见《古希腊哲学》第14页。

而"二"因其不定而退居次要。由此体现无性的思想路线。但他又认为数的元素是奇偶数,而包含"雌雄(阴阳)"在内的"对立"也是本原(KRS 289),似乎又体现了有性思想路线。无论如何,第一条路线占了上风,所以即便是对立本原中,也是左侧的"一""奇数""有限""阳性""光明""善"压过右侧的"多""偶数""无限""阴性""黑暗""恶"而据有真理。由此,产生了巴门尼德那完全无性可言的"唯存在论",认为所有的真实全在存在、单一、圆体、静止和现在中(KR 347~352)。柏拉图可说是毕氏与巴氏思想的结合体,为整个西方哲学书写了思想上的奥林匹斯神谱。

三 柏拉图理想国的精神乱伦

柏拉图也绝不甘心于活在性别之"二"的不定之中。"除了像我们现在这样有男女这两种性别之外,还有第三种性别,既是男性又是女性［称为'阴阳人'］。……最初的人是球形的……一对生殖器,其他身体各组成部分的数目也都加倍。……他们实际上想要飞上天庭,造诸神的反。"(《会饮》,189D~190B)诸神当然不能容忍这种圆形的阴阳人,于是宙斯将这种原人从中间劈分为二,稍加修整,就成了我们这种分男分女的片状人、"半人",力量被大大减弱,整日只想着找到"自己的另一半",找到后就搂抱在一起而不愿分开(《会饮》,191A~E)。这里隐含着为乱伦的辩护。因为人原本与自己的配偶是一体的,后来的恋爱和婚配就是回到这一体中。而世上只有近亲才与自己是一体,于是亲上加亲或亲加性的内婚(inbreeding)就有道理了。

更有哲学理路的辩护来自对爱的两种区分,即"天上的爱和地下的爱"(《会饮》,180E)之分别,大致可说成是精神之爱与肉体之爱的区别。地下的爱是偶然的、情欲化或只从肉体上占有对象的、与道德无关的,而天上的爱是有讲究的、可以有情而无欲的、高尚的(《会饮》,181)。地下的爱既可以是两性的,也可以是同性的,但天上的爱则似乎是倾向于同性的或男性之间的(《会饮》,181C~D)。东方专制主义国家不能容忍高尚的爱,包括对哲学和体育的爱,而雅典的民主制则鼓励它(《会饮》,181B~E)。如果天上的爱可以超越情欲对象,那么它可以超越亲情与性-情、亲人与情人的区别吗?既然那种区别建立在个体对象们的血缘关系上,那么在超肉体对象的天爱层次上,还有乱伦禁忌的合理性吗?而且,既然神之间的乱伦是可以的,甚至是被颂扬的,那么在人与神最相似的精神处,乱伦为何不可以呢?那里还有性可言,因为还有炽热的爱,还有精神对象的交媾与分娩,所以毕竟可以说到近亲与非近亲的区别。那里也有对无性(它也可以表现为两性同体、同性一体)的追求,而

第7章 乱伦与理想国

且是对无性的性追求,所以也可以有乱伦。

柏拉图的 Politeia (《理想国》或《国家篇》) 设想一个"理想的城邦"或完满的"国家的模型"(《理想国》, 592B)。它不仅能体现出完整的正义,而且是按照至善至真的理型或型(《理想国》,505A)设计的。因此,这个国家要让哲学家来做王,因为只有哲学家"能够把握永恒不变的事物"(《理想国》,484B);此外,要那些被理想教育塑造出的卫士们来保护,由他们和哲学王组成统治阶层。剩下的工匠、商人、奴隶等属于被统治阶层,因为他们被情欲主宰,追求的东西是变化不定的、易朽的,而统治者们追求的善、美、正义的理型乃至国家的理型则是至善至美至真至义且永恒不变的。这种理型的永恒既是存在论的,又是认识论的,因此它被说成是"永恒的,无始无终,不生不灭,不增不减……不会因人而异,因地而异,因时而异,它对一切……崇拜者都相同"(《会饮》,211A)。由此看来,哲学家和卫士们对智慧的爱(《理想国》,376B,485D)就是天上的爱,它追求一种"无性繁殖",也就是以永恒的、对一切追求者"都相同"的无区别乃至无性别的理型为最终的爱慕对象,在自己灵魂中生发繁衍出智慧,但它的追求过程却是有性别可言的,无论是就其理想国的构成方式而言,还是这构成所依据的理型的获得方式而言。按照以上对于乱伦起源的分析,这种以有性的方式对无性生殖的追求,必导致乱伦。

既然这个国家是按理型设计的理想国家,那么它的人民,特别是它的统治阶层成员之间,就必须是一种从根本上来说是"都相同"的关系。于是柏拉图借助一个传说,主张这里的人都"是在大地母亲的怀抱中塑造出来的","他们把土地看作母亲和保姆,念念不忘保家卫国,御侮抗敌,而把其他公民视为亲兄弟,有着共同的母亲"(《理想国》,414D~E)。这个传说不是随便引用来凑趣的,而有着一系列后果。它的一个含义是,进入这种理想国的人们都自动切断了与自己"地上的"或俗世家庭的联系,而进入到一个全新的团体中。另一个含义则是,这个新团体中的男人们都相互视为"亲兄弟",于是在这个超越层次上又保留了性别和家关系外壳。按照这个理想的、普遍化的逻辑,柏拉图认为女人和孩子们也必须(在统治阶层中)共有。"这些女人应当归这些男人共有,没有一对男女可以独立成家,他们生育的孩子也是公有的,父母不知道谁是自己的子女,孩子也不知道谁是自己的父母。"(《理想国》,457D)这样,国家才能放手按照理想来培育后代,只挑选那些表现最优秀的人的优秀后代,淘汰其他人的后代,并且完全按照国家的理想标准和方式来教育这些无亲生父母认同的孩子。《理想国》的大量篇幅都用来讨论这种教育和由它引出的哲学根本问题。

然而,这些孩子不是完全没有父母和兄弟姐妹,而是在这个理想国的大家庭中得到了许多的父母和兄弟姐妹。

"无论碰上谁,他都会感到对方是他的兄弟、姐妹、父亲、母亲、儿子、女儿。"(《理想国》,463C)尽管这有利于他们之间的团结(《理想国》,464A~B)(注意,在这似乎最无家之处,还是要借用尘世的家庭关系),但这里的生殖却无法避免乱伦了。"若通过抽签决定,而且德尔斐的神谕也表示批准的话,那么法律允许这样的兄弟姐妹同居。"(《理想国》,461E)这里才是摩尔根等人推想的那种乱交状态的原型。这种消泯了亲族与非亲族区别的"普遍的兄弟关系"(universal fraternity),或"普遍的兄弟姐妹关系"(universal siblinghood),被舍尔(Marc Shell)视为"西方宗教和哲学的主导传统"(*End of Kinship*, p.4)。的确,我们不但在那些被超越理想召唤的宗教会团、政治党派、各类帮派中看到它,在哲学与科学中也越来越感到它的膨胀。

为了认识理想国的哲理根基,甚至纯形式的精神乱伦也是必要的。"当一个人根据辩证法企图只用推理而不要任何感觉以求达到每个事物本身,并且这样坚持下去,一直到他通过纯粹的思想而认识善本身的时候,他就达到了可理解的世界的极限。"(《理想国》,532A~B)感觉是人与世界打交道的比较外在的、偶然的、多样的方式,可视为精神上的外婚制的前提。柏拉图认定感知不能为我们带来真理,反足以淆乱认知。所以即便一开始要利用感知来引出对理型的回忆,可一旦进入理型的世界,就要"只用推理"而去认识每个事物本身即它们的理型,并通过它们去认识善本身。这就是"辩证法",也就是精神和思想在其亲族内部的上升溯源法。

柏拉图高度评价纯数学方法认识真理的价值(《理想国》,525B~526B),甚至在自己学园门口写上"不懂几何学者莫入"的资格要求。但是,他认为数学方法还不够内在,还要利用"假设",也就是去假设那些用图像表现的三角形、圆形等几何形状是存在的,实际上也就是假设了后来《几何原本》一开始建立的定义、公理、公设。而图像脱不开感知,还要利用我们的视觉、触觉,因而只是对数学理型的"模仿"和"影子"(《理想国》,510C~E)。要追求更高理型和"第一原理"(《理想国》,533D),不能依靠这种灵魂中的"商人、工匠和奴隶",而只能够靠它的"统治阶层"或最优秀的部分,也就是"纯粹的思想"(《理想国》,532B),而辩证法就是纯思想进行自身区别、对生和统一的方法。柏拉图写道:

> 至于可知世界的另一部分,你要明白,我指的是理性本身凭着辩证法的力量可以把握的东西。在这里,假设不是被当作绝对的起点,而是仅仅被用作假设,也就是说假设是基础、立足点和跳板,以便能从这个暂时的起点一起上升到一个不是假设的地方,这个地方才是一切的起点,上升到这里并从中获得第一原理以后,再回过头来把握那些依赖这

个原理的东西，下降到结论。在这个过程中，人的理智不使用感性事物，而只使用事物的型，从一个型到另一个型，最后归结为型。(《理想国》，511B～C)

由此引文可知，辩证法是理性本身的方法，它不再承认感性的最后一点影子，不再将数学的假设当作真正的源头，而是仅仅当作跳板，从它上升到真正的绝对起点，也就是善之型。然后再由这个起点，向下推导出各种结论。这么做时，不再使用感性的东西，"而只使用事物的型，从一个型到另一个型，最后归结为型"。

这是极端的内在方式，全部推导都在"型"或"相"（eidos，idea，理式）里进行，但其中也确有生育："辩证法家会寻找一个正确类型的灵魂，把自己建立在知识基础上的话语种到灵魂中，这些话语既能为自己辩护，也能为种植它们的人辩护，它们不是华而不实的，而是可以开花结果的，可以在别的灵魂中生出许多新的话语来，生生不息，直至永远。"(《斐德罗》，276E～277A) 的确，尽管辩证法在柏拉图那里有数个含义，[1] 但都涉及两个对立的或根本区别的方面。比如它是争论术或辩论术的升华形态，将"揭露矛盾这门技艺"(《理想国》，454A) 的开启力

---

[1] 汪子嵩先生概括为三种：对话问答法，第一哲学的知相或知善的方法，分析与综合的方法。见《柏拉图全集》"中文版序"，第一卷，第11～12页。

量发挥到极致。它不是"在字面上寻找矛盾之处",而是像苏格拉底的对谈法那样,让人的思想和主张("主题")在去"划分和区别"(《理想国》,454A)或去"划分与综合""事物的一与多"(《斐德罗》,266B)之中产生自相矛盾,从而引发出更基本、更接近善本身的型。"他们[教育者]对他的言语进行盘问,轻易地使他信服自己的意见中有矛盾的地方;然后,他们通过辩证法的过程收集这些矛盾之处,把它们排列在一起,指出它们是关于同一事物的,或与同一事物相关的,或涉及同一方面,但却是相互矛盾的。……这样他就从巨大的偏见和苛刻的想法中被完全拯救出来。"(《智者》,230)

"划分与区别"意味着"知道如何区分种类,知道若干种类以何种方式能够结合,或不能结合。(《泰阿泰德》,252D)"这似乎是一种精神上的乱伦禁忌,但柏拉图对于无性的唯一善型的追求使得这种禁忌形同虚设,只在低层次上起作用,而最后必然被逼入"从一个型到另一个型,最后归结为型"(《理想国》,511C)的近亲繁殖中去。那个从感知世界的洞穴中爬出来人,"最后[凭借辩证法]终于能观察太阳本身,看到太阳的真相了,不是通过水中的倒影或影像来看,也不借助于其他媒介,而是直接观察处在原位的太阳本身"(《理想国》,516B)。人看一切事物要凭借这太阳的光,而直接观察太阳本身也还是要凭借它放出的阳光。如果像上面所论及的,这毕竟是一种精神上、思

第7章 乱伦与理想国

想上的繁殖发生过程的话，那么这种要凭借所产生者（光）来看或认知产生者（太阳）的辩证过程，就躲不开精神亲子间的思想乱伦了。而"掌握这门辩证法的学问的大师"（《智者》, 252E），尽管被柏拉图尊称为"纯洁、正确的爱智者"（《智者》, 252E），却让我们想起俄狄浦斯的爱和智。俄狄浦斯生得苦难，死得神圣且智慧。临死前，他对两个女儿及妹子说："只需一个字就可以抵消［你们在艰难中侍奉我的］一切的辛苦；这就是爱，你们从我这里得到的爱，胜过你们从任何人那里得到的。"（《悲剧经典》, 236）这话既令我们感动，又让我们恐惧。这爱已经超出了身体的乱伦之爱，进到了更高的层次，具有预知未来的能力，但又不可能完全脱开精神的乱伦，因为无论如何，它既是父亲之爱，又是兄长之爱。柏拉图描述的理想国、理型世界和对它们的追求里边，难道没有此种过于亲密深邃的爱？

"一个人加入了这种爱的秘仪，按既定的次序看到了所有这些美的方面，也就最后接近了终极启示。苏格拉底，到了这个时候，他那长期辛劳的美的灵魂会突然涌现出神奇的美景。这种美是永恒的，无始无终，不生不灭，不增不减，因为这种美不会因人而异，因地而异，因时而异，它对一切美的崇拜者都相同。……而其他一切美好的事物都是对它的分有。"（《会饮》, 210E～211A）面对这种与亲子之爱的性质极其不同的终极之爱，及其揭示的终极之美，人或者被完全吸引而为之迷狂，或者被震惊窒息而力图逃避这永恒亲密的完全笼罩。

四 精神乱伦的来源:纯数学的存在论和存在论的认知

为什么在古希腊和柏拉图这里会出现这样一种具有精神乱伦特点的思想?除了其他原因之外,有两个原因可以在此提出。一个是希腊的数学对于希腊主流哲学思想方式的塑造,另一个是主流哲学家对知识与存在关系的看法。以下做些简略的讨论。

如上面第二节末尾已经指出的,柏拉图是毕达哥拉斯和巴门尼德的数本原论与数存在论的继承人,因而受到数学,特别是几何学方法的极其深刻的影响。除了《美诺》《理想国》《泰阿泰德》等名篇外,再想一想《蒂迈欧》吧。可以说,柏拉图的"型"或"相"的学说,就是几何之形与算术之数在哲理上、伦理上的放光体现,而他的"辩证法"则是数学推理的理型化运用。在他的"四线段喻"中,虽然数学理型处于哲理理型的下面,但它们已经属于可知的存在界,是人认识整个理型世界的基础台阶。"我们应当引导那些将要在城邦里担负重要功能的人学习计算,不是学些皮毛,而是深入下去,直至能用纯粹的思想沉思数的本质。……便于使灵魂本身从生灭的世界转向本质与真理。"(《理想国》,525C)

按照毕达哥拉斯的主张,数就是万物的本原,用巴门尼德的话语来讲就是,数是万物的存在本身,存在与数是可以互换的。巴门尼德写道:"存在的东西无生无灭,/它完整,不动,无始无终。/它既不是在过去,也不是在将来,/而是整个在现在作为'单一'和连续性。"(KR 347)这个"单一"与毕达哥拉斯讲的"单一[数字1]是实体"(KR 295)是一致的。对于这三位奠定了西方唯理论基础的哲学家而言,毕氏以下这个主张说出了世界的真相:"他们[毕派成员]将理性(这是他们给灵魂的称呼)和本体与'一'等同起来。因为它是不变的,到处一样的,而且是一种统治的原则,他们就将理性叫作一个单位,或'一';同时他们也将这名称加于本体,因为它是根本的。"[1]尽管巴门尼德过于热心于"一"而将所有的"多"都逐出真理和存在,但柏拉图一定要挽救理型的多,也是毕氏的数形之多,因为没有它们,就没有真正的数学,不论是形式化意义上的,还是理型化意义上的。

对于这三位哲学家,纯粹数学的真理性不依据思想与外部世界的经验关系,而是只在于数学结构内部的型关系。柏拉图写道:"这种学习用力向上提升灵魂,迫使灵魂讨论纯粹的数;如果有人在讨论数的时候要给它附

---

[1] 引自汪子嵩、范明生、陈村富、姚介厚:《希腊哲学史》第一卷,北京:人民出版社,1988年,第281页。该引文出自《亚里士多德残篇选》。

加上可见的、可触摸的物体,那么它绝不会苟同。……你瞧,我的朋友,这种学习对于我们来说确实是不可或缺的,因为它显然在迫使灵魂使用纯粹的思想,面对真理本身。"(《理想国》,525D~526B)这样就会逼迫哲学在其最核心部分退出可感知的世界,而进入只用纯思想的可知世界,尽力像后来的《几何原本》那样在形式、理型的内部相交相生,推出定理,证明定理,从而达到精神上的内繁殖或乱伦繁殖。这既是其高深、纯粹的地方,也是其病态和埋伏危机的地方。

其次,在这种哲学方法的指导下,这些哲学家将存在与可知相等同,导致一种理型化的终极可知论。这个倾向在巴门尼德那里已经很清楚:"作为思想和思想对象是同一件事情。/ 如果没有思想表达于其中的存在的东西,/ 你便不会找到思想。"(KR 352)这种思想与存在的同一论,直到两千多年后的黑格尔那里,还通过辩证法被维持着。这个思想倾向在柏拉图那里得到了更清楚的表达。"我们必须把与非存在相关的功能称作无知,而把与存在者相关的功能称作知识。"(《理想国》,478C)这样,知识与存在或存在者就等同了。最无知或最不可知的最不存在,最可知的最能存在。而那些处于"既存在又不存在的状态之中"(《理想国》,477A)的东西,就是可感知的可变事物,也就是现象,它们在心灵中的表现就既不是完全的可知,又不是完全的不可知,而是介于两者之间的"意见"(《理想国》，478D）。柏拉图从存在论上保留了意见的一半合法性，这是他不同于巴氏之处。意见涉及的现象世界具有能够让思想避免乱伦的多样性、他者性。柏拉图和后来的大多数西方哲学家皆不愿意完全不考虑现象界的某种合理性，总要从那里开始自己的哪怕是"回忆"[1]式的认识真理的过程，这就赋予了他们的思想以某种隐藏的性别特征。但是，他们又不能就从现象的"外婚制"中找到真理和存在本身，于是就在巴氏存在唯一论和存在思想同一论的莫名牵引下，将对智慧的爱朝向"唯一的善型""不动的推动者""自由、平等、博爱""绝对理念""无家的共产主义"，于是导致了思想和精神上的内婚制。

东方的哲学家们在这一点上有着更敏锐的"乱伦禁忌"意识。他们也要追求本原，追求意义的源头，但他们又清楚地意识到一旦这本原和源头被存在论化、可完全知识化，那么就必出现思想的乱伦，也就必导致根本处的混乱，导致感受意义方式和人的生存方式的畸形，尽管可能会使思想获得更纯粹、同一和创新的能力，但同时会招致不可持续性和遗传病变。

比如，《周易》（含《易传》）的卦象和基本思路建

---

[1] 如果借用第5章第三、四节对于两种记忆的区分，那么柏拉图借苏格拉底之嘴讲的这个回忆，就属于"语义记忆"而非"历时记忆"，因为它的要害在于被回忆的东西，即理式，而完全不在于回忆到当初如何经验到这东西。

立在阴阳之上，具有明确的性别特征。"乾道成男，坤道成女。"(《周易·系辞上》)"乾坤，其易之门邪？乾，阳物也；坤，阴物也。阴阳合德而刚柔有体，以体天地之撰，以通神明之德。"(《周易·系辞下》)以这种性别意识去追求终极实在，似乎必走上精神乱伦一途。例如，八卦被赋予了性别家庭的含义："乾，天也，故称乎父。坤，地也，故称乎母。震，一索而得男，故谓之长男。巽，一索而得女，故谓之长女。坎……中男。离……中女。艮……少男。兑……少女。"(《周易·说卦》)那么通过他们再去生成六十四卦，似乎免不了乱伦。但这只是皮相，《周易》有各种易象和解象的机制来避免它。简单说来，有这么几种方式。其一，易象的最基本象素不是八卦，而是"一阴一阳"的爻象，即组成太极的"两仪"，由它们组成一切卦象。而阴阳爻可表示性别区别，并不限定在一家之中。其二，《周易》的显象是由六爻组成的六十四卦，相当于三个两爻卦，或两个三爻卦，也就是两个经卦（即三爻组成的八个卦）。就两爻卦象而言之，"兼三才［天、地、人］而两之，故易六画而成卦，分阴分阳，迭用柔刚，故易六位而成章。"(《周易·系辞下》)就三爻卦的层次而言，它意味着易象首先是两个不同的家庭的成员组成的，不是由一个家庭内部生成的。解卦时，下面的经卦被称为"内卦"，上面的则被称为"外卦"，表明它们是内外有别的。"其出入以度，外内使知惧。"

第7章 乱伦与理想国

(《周易·系辞下》)其三,就是三爻组成的八卦或经卦,也可以看作表示涉及所有家庭的结构,而不是一个对象化的家庭。此经卦之所以为"经"也,如同作为源头的经典总是可作多样诠释的。

《易传》的相关解释也能说明这里是有禁忌的。比如上面《系辞下》的引文曰:"阴阳合德而刚柔有体,以体天地之撰,以通神明之德。"讲的是:阴阳相互配合,形成德性;阴阳或"刚柔"的关系是有体性或体制可言的,由此来体现天地世界的创生结构,来与神圣光明接通。乱伦的阴阳配合是无德-性或无性-德的(这里对"性"的含义做了些现代延伸,但亦有所据),不符合任何已经在性之中的体性或体制。它以有性来向往和追求无性,本身就违背了乾坤阴阳的变易中求不易的简易原则,也就不能体现天地的创生方式。所以紧跟这段引文,《系辞下》写道:"其称名也,杂而不越。"就是说,以乾坤阴阳为门户的《周易》所给出的名称,比如天地父母、兄弟姐妹等等,虽然众多,但绝不允许混乱到超越以性来生生的原则的程度。因此,"道有变动,故曰爻。爻有等,故曰物。物相杂,故曰文。文不当,故吉凶生焉。"(《周易·系辞下》)易经的爻象是用来显示变动的,因此爻就必有差等,如阴阳乾坤等阴物阳物。阴阳之物相交杂处的方式就是世界生命的文理。此文理,有当与不当之别,由此而生出吉凶之象。

《周易》所谓"吉""凶",就是符合了或不符合阴阳相别而相交的生生原则,"天地之大德曰生"(《周易·系辞下》),"生生之谓易"(《周易·系辞上》)。不是能生就是易,而是能生了还能再生,无有穷尽,用现时的话叫"可持续",那才是吉象。乱伦妨碍、破坏家庭、家族和种群的生生,是为凶象。"吉凶者,贞胜者也。天地之道,贞观者也。日月之道,贞明者也。天下之动,贞夫一者也。"(《周易·系辞下》)此"贞",无论如历来解释作"正"解,在此代表"元亨利贞"那样一个发生和再发生的过程,[1] 还是按其字源作"占筮"解,都含有乱伦禁忌之义。"正"(后来被孔子延伸为"政"的本义)意味着两性生生的正道,自不能容忍从根本处减少差异性及交生强度的乱伦;"占"意味着朝向未来的时间之道,也不能容许逆时而动的乱伦。家庭乃父母之过去与子女之将来相别相交成的现在,此为非对象化之区别与相交,而作为乱伦之首的亲子乱伦的相交,与之貌合神离,乃对象化的、消损差别之相交,所以是逆此代际生命时象而动的淆乱阴阳之举。短期内或有奇效,但长此以往则要生祸乱。《易传》中多次强调的"时",如"刚柔者立本者也,变通者

---

[1] 《子夏传》:"元,始也;亨,通也;利,和也;贞,正也。"程颐《程氏易传》卷一:"元亨利贞,谓之四德。元者,万物之始;亨者,万物之长;利者,万物之遂;贞者,万物之成。"由此可作春夏秋冬的天时发生解。等等。

趣时者也"(《周易·系辞下》),其"变通"义中必有此大义。此处就不详析了。

东方人对付这种追究终极时常会出现的乱伦威胁,还有一个常用的策略,即以"无"或"空"这样的非对象化方式来隐含、蓄藏多样性、他者性,而遏制精神的乱伦。"有无相生"(《老子·二章》)就意味着任何发生、繁殖中都有"无"或不可观念化和理型认识的维度。宋明儒以为此空、无会威胁以孝悌为根的道德,而力排之,未能认清它们在根基处维护阴阳大化的思想功能。即便它们在对象化现实的层次上有离家修行之举,但绝无毁家乱家之效,更无精神乱伦之虞,反倒有增强道德所依之自然生态和思想生态的后果。这是另一个大话题,此处也就打住了。

第 8 章

《哈利·波特》中的亲子关系与孝道
—— 人类本性的一种展示：不死还是虽死犹生？

由罗琳（J. K. Rowling）创造的《哈利·波特》（*Harry Potter*）七集系列故事，无论其小说形式，还是电影形式，都获得罕见的巨大成功，[1] 但也在西方宗教界和教育界引起争论。[2] 评论家们观察此故事的角度，探究它成功的原

---

1 按百度网站的百度百科的"哈利·波特"词条，《哈利·波特》系列小说被翻译成七十多种语言，在全世界两百多个国家和地区累计销量达四亿多册，位列史上非宗教、市场销售类图书首位（http://baike.baidu.com/view/18045.htm#1）。而它在电影上的成功，也是有目共睹的。

2 参见 Wikipedia 网站中关于此书引发的"religious debates"的报道（http://en.wikipedia.org/wiki/Religious_debates_over_the_Harry_Potter_series）。从新教、天主教、东正教、伊斯兰教等方面都有某种严厉批评。主要是指责它鼓吹魔力，而不论黑魔法还是白魔法，都为上帝信仰所不容。在美国，20世纪 90 年代中，关于此书是否被允许放入公立图书馆，就有过争论；此书被列入"最有争议的"（the most challenged）书中的第 7 位。只在 1999年，此书就在 13 个州受到 23 次反对。

因，各色各样。但是，如果要从小说主人公哈利身处的亲子关系，特别是他所行的孝道角度来开启理解此故事及其成功之门，那么就目前的研究状况来说，还是罕见之举。本章就要表明：这是一条更有可能带来深层领会的研究道路。绝大多数西方的成功文学作品都不像《哈利·波特》（以下或简称《哈》）那样以亲子关系为底色。少数具有这一底色的，比如莎士比亚的《哈姆雷特》，却并不突出这种联系的积极意义。而本书作者认为，《哈》对于亲子关系和孝道的赞颂式的艺术表现是这套书取得跨文化成功的关键。

以下让我们先从检视西方评论界对于此书的某些看法入手，引出相关问题的线索，然后来论证这一章的主题，即此书情节的原动力来自其中处理的亲子关系和孝意识，而此书的艺术成就和哲理含义也都与之相关。因此，除了直接展示这种关系和意识在书中的地位之外，还将深究它们的前提，即一种对于生存时间或代际时间的意识，而这种意识在《哈》系列里边，集中地表现在哈利和伏地魔各自如何看待死亡与永生的关系上。有关的分析将表明，这种意识是人性的最重要的表达，"哈利"和"伏地魔"则代表了对于这种人性的认同和不认同、保护与摧残。从中得出的伦理教训隐含地批评了通过高科技来追求不死的时代取向。

第8章 《哈利·波特》中的亲子关系与孝道

一 《哈利·波特》成功的原因及其中的思想倾向

1. 解释《哈》成功原因的尝试及其不足

西方的批评界乃至学术界对于《哈》作了许多评论。关于此书不寻常成功的原因，比较流行的解释，可以用雪弗尔（C. Schoefer）的说法来表示。按照雷弗尔的说法，《哈》的魅力来自其"闪光的神秘和紧张的悬念，引人入胜的语言和多姿多彩的意象，有魔力的技艺，并伴随着对于现实生活的关切"（*Reading Harry Potter*, pp. x–xi）。[1] 所谓"对于现实生活的关切"，可以理解为影射当代生活中的问题。比如在《哈》第三集中，卢平教授的学生们所面对的"博格特"（boggart），以每个人最害怕的形象出现，由此表现出现实生活中儿童们所焦虑的是什么。还有的解释注意到《哈》的魔法性（魔法世界和魔法学校），从受难孤儿到救世英雄的起伏上升的经历，乃至从古希腊和中世纪传统来的生物，比如马人、独角兽、龙、凤凰等所造成的意境。（*Reading Harry Potter*, p. 3）另外，此书的"童年性"——让读者回到充满想象快乐的真正童年，或通过反叛现成的或成人的规矩而赢得生活的天趣等——以及"正义论"（正义战胜邪恶）等，也被看作它的引人处。

---

1 引文取自 *Reading Harry Potter: Critical Essays*（简称"*Reading Harry Potter*"）, ed. G. L. Anatol, Westport, CN: Praeger, 2003。

尽管这些因素有助于此书的成功,但它们并不是独特的,比如一些评议者注意到《哈》与同为英国作家的路易斯(C. S. Lewis)的《纳尼亚传奇》(*The Chronicles of Narnia*)系列和托尔金(J.R.R. Tolkien)的《指环王》(*The Lord of the Rings*)的关系。以上列举的诸成功因素中,除了"孤儿"之外,几乎都可以在后两者中发现。事实上,罗琳很可能受到过路易斯和托尔金这些魔幻小说前辈作者们的重要影响。可见,它们都无法解释使《哈》取得如此罕见成功的特别之处。

如果真的看不到《哈》的特别之处,那么也就不会看好此书在文学史中的地位。比如史密斯(K. M. Smith)就认为此书属于"公立学校的故事"的传统,遵循一套通用的模式;而齐伯斯(J. Zips)也论证《哈》的"因循性",将罗琳归入"总讲大团圆结局的童话故事作家一流"(*Reading Harry Potter*, p. xviii)。

2.《哈》的宗教含义:作者罗琳的说明及其局限性

温耐尔普(M. Wineripr)在《纽约时报》的书评中写道:"此书中的魔法并非此书的真实魔力所在。"[1]更重要的是它对于人物的刻画的真实生动,让他们成为令人难忘的

---

[1] 引自网上的一个属于"EBMA's Top 100 Authors"的《罗琳传》(*Rowling, J. K.*)。网址是:http://www.edupaperback.org/showauth.cfm?authid=70。

立体存在。[1]这种看法有见地，但语焉而未详。的确，此书的表达形式是"魔法世界"的"魔力"，但如果只限于此，读者就会在初步的新鲜感后，很快就倦于那些"怪力乱神"和奇幻魔术，就像阅读中国某些步《封神演义》后尘的小说那样。所以，《哈》如何能让自己的人物具有真正的生活真实性和生动性，就是它成功与否的一个关键。

此书确实具有某些进入现实生活的触角和影射结构。除了上述的"博格特"之外，它对于技术的、体制的、政治的、道德的乃至宗教的影射，都引起了评论家们的关注。比如，它的宗教影射力之大，已经引起一些宗教人士的反对。当现任教皇还是红衣主教时，就曾经批评过此书。[2]而坎伯斯（J. Chambers）写道："毫无疑问，我相信《哈利·波特》系列是在创造地狱，使年轻一代欢迎被《圣经》预言过的那些由撒旦带头的恶魔们。"（*Critical Perspectives*, p.14）[3]与之相反，有些站在基督教立场的学者极力赞扬此书，比如格兰哥（J. Granger）的《在〈哈利·波特〉中寻找上帝》（2006年），就主张理解此书的关键是看出它与基督故事的内在和声（*Critical Perspectives*, p.16）。而按阿德

---

[1] 引自网上的一个属于"EBMA's Top 100 Authors"的《罗琳传》（*Rowling, J. K.*）。网址为：http://www.edupaperback.org/showauth.cfm?authid=70。

[2] http://www.mtv.com/news/articles/1572107/20071017/index.jhtml.

[3] 引自 *Critical Perspectives on Harry Potter*（简称"*Critical Perspectives*"），ed. Elizabeth E. Heilman, New York: Routledge, 2009。

勒（S. Adler）的报道，罗琳本人也在此书全部七集出齐之后的新闻发布会上表示：她一直在很大程度上将这套系列小说看作是基于基督教的主旨的，比如关于死后生命的看法和爱具有克服死亡的力量的主张。她之所以没有将这种平行关系表达得明显，是因为要防止读者在此系列进展之际就过早地预测到故事的趋向（*Critical Perspectives*, p.16）。[1] 作者本人的主张和声明，虽然是值得重视的，但它的权威性要远低于作品本身，如果两者之间有间隔或冲突的话。罗琳之所以要在出版最后一集之前隐藏小说与基督教的联系，这事实本身就很说明问题。她直觉地、正确地意识到："基督教的主旨"的明确化会损害此书的艺术魅力。这说明：此小说的内在生命力或它的意义结构，当其正在运作之际，不允许这种明确的联系。即便在最后一集里，这种主旨也只在两块墓碑上，以相当不显眼的，甚至是反讽的方式影射了一下（以下还会涉及它）。

3. 对于《哈》中亲子关系的解释：契约论和精神分析说

那么，此书的文本本身是不是直接显示了它的人物的生活真实性和生动性呢？当然。而且，这种显示虽然不是西方宗教意义上的，却也不是信仰中性和伦理中性

---

[1] S. Adler 对于罗琳此次讲话的报道，见如下网址：http://www.mtv.com/news/articles/1572107/20071017/index.jhtml。

的。它对于亲子关系和以下将要论证的孝意识的热烈而全面的展现，与儒家的人性观和存在观就有可比较之处。而这种展现的某种不自觉或被迫而行，反倒隐含地说明了这种关系和意识是如何根本，如何被人性和艺术性渴求着，以至于一位有基督教倾向的作者，为了让作品能够吸引人，也只能压抑她的宗教倾向而诉诸它们。

目前可见的对《哈》的大量评论中，只有少数涉及哈利的亲子关系和家庭，至于孝的问题，就本书作者的视野而言，还付诸阙如。那些讲到这关系的，有一种诉诸家庭契约论的观点。例如孔弗斯（J. Kornfels）和普诺什罗（L. Prothro）主张，罗琳的小说视家庭的终极原则为一种比法律约束还要强的契约（covenant），即家庭成员们必须无条件地相互关爱和支持，谁要违背了这义务，就不再享有家庭成员的待遇。德思礼夫妇没有遵守它，他们在哈利心中就不再是亲人，哈利就要到其他地方去寻找家庭（*Critical Perspectives*, p.128）；伏地魔的父亲抛弃了他正在怀孕的妻子，也从不管儿子，导致汤姆·里德尔——年轻的伏地魔——谋杀了父亲和祖父母，在他建立的食死徒团体中寻找一个新家庭（同上页）。

另一种谈《哈》中的亲子关系的文章运用了儿童心理发展的精神分析理论，或是弗洛伊德的，或是荣格的。比如米尔斯（A. Mills）认为，按照荣格的理论，即潜意识具有一种去平衡显意识的补偿性功能的学说，伏地魔，也就是杀死了哈利父母的恶巫师,对于这个男孩的潜意识而言,是"他父亲的黑色副本"。"因此,哈利与伏地魔之间的斗争,能被解释为一种俄狄浦斯式的儿子与恶魔般的父亲式人物之间的权力斗争,这儿子对自己过去的实情完全无知,而这父亲人物则要在他的儿子杀死他之前干掉这儿子。"(*Critical Perspectives*, p.4)

卡梅里(R. Carmeli)在他的《四种父亲身份:促成哈利·波特心理发展的父亲因素》一文中,运用弗洛伊德的"俄狄浦斯情结"的理论来看哈利的心理成长,认为有四个人代替他死去的父亲,帮助他克服精神上的抑郁(它使他易于受到摄魂怪的影响)等问题,完成将父亲内在化和走出恋母情结的心理过程。[1] 他们是卢平、小天狼星(教父)、邓布利多和斯内普。能够注意到父亲角色在哈利成长中的重要作用,是这篇文章的长处;但它的问题与上一种看法类似,即过于依赖精神分析的理论,总要在哈利这里将父母之爱生分,将心理结构弄得过于复杂矫情,甚至将伏地魔也看作"父亲式人物",实在是玷辱了"父亲"的身份,也并不符合我们阅读《哈》时产生的"潜意识"。而且,卡梅里也没有注意到:哈利父

---

[1] Ronnie Carmeli: "Four Modes of Fatherhood: Paternal Contributors to Harry Potter's Psychological Development", *Harry Potter's World Wide Influence*, ed. Diana Patterson, Newcastle upon Tyne: Cambridge Scholar Publishing, 2009, pp.11~33.

亲的角色是不会被任何其他人或人群所完全代替的。

二 《哈利·波特》中的亲子关系

1. 血脉之亲的原存在性

应该如何看待《哈》中的亲子关系呢？它不只是一种契约关系，也不限于哈利的心理成长。它要更根本得多。简言之，在此书中，并非基督教的主旨和其中讲的"爱"，而是人类的亲子关系、亲子之爱，才是全部故事情节从头到尾沉浸于其中的最重要背景，是整个故事的潜在主动力，以各种各样的变式表现出来，在关键处闪射出光芒。

小说第一集的第一章名为"存活下来的男孩"（大陆中文版译为"大难不死的男孩"）。尽管它的明显意思是哈利在伏地魔（Voldemort，原名汤姆·马沃罗·里德尔，即 Tom Marvolo Riddle）[1]的致死魔力的攻击下存活了下来，但他的存活，无论就哪个意义上讲，都源自父母——波特夫妇，也就是詹姆斯和莉莉（James and Lily）。父母生下了他，使他在世上存活；母亲舍命保护他，因而能够在临死前为他施一个古老的保护咒，使得他，一个只一岁的男孩，在伏地魔杀人无算的"阿瓦达索命咒"面前

---

1 本文所用《哈利·波特》的专名译名，取自人民文学出版社翻译出版的中文简体版，它的主要译者为马爱农、马爱新，另外还有苏农、蔡文等。

活了下来,且让施咒者被自己的咒反击。全书就以这个致命的存活事件为开端。而且,从肉体上死去的父母还以非对象的或间接的方式在保护他、成就他。除了下面还会提及的一些事实之外,还有一个事实在每一集的开头和大多数的末尾都会涉及,即哈利要与根本不爱他的姨妈和姨父住在一起。

现有的评论家们几乎全部以否定性的态度来看待这个事实,甚至将它视为哈利心理被扭曲,而要找伏地魔——是他杀死了他亲生父母,导致他在这恶劣的亲戚家受气——算账,以得补偿的动机。所以,伏地魔居然被看作"德思礼先生的更加有力的想象版"(*Critical Perspectives*, p.5)。这是一个原则性的混淆,源自对于《哈》里边家庭关系根本性的无知。

在《哈》第五集第三十七章中展开的一次极其重要的对话中,这个事实终于得到了解释,出自最有资格说出它来的阿不思·邓布利多(Albus Dumbledore)——魔法学校校长,某种意义上的哈利的精神导师——之口。邓布利多先描述了哈利父母死后,威胁到小哈利生命的因素,即伏地魔在不确定未来的回归及其党羽可能实施的仇杀,同时承认自己能够用来保护哈利的所有其他办法,都不足以在魔力极为高强的伏地魔面前确保有效,而唯有最后一个选择:

第8章 《哈利·波特》中的亲子关系与孝道

［邓布利多对哈利说道：］"但是我也知道伏地魔的最弱处，并针对它而做出了决定：你将被一个古老的魔法保护。他知道这种魔法，鄙视它，所以总是低估它，并为此付出了代价。我正说着的，当然是你的母亲为救你而死这个事实。她［临死前］给了你一个经久不消的保护，这是伏地魔绝没有料到的；这保护一直在你的血脉中流淌，直到今天。所以我所信赖的，就是你母亲的血。于是我把你交给了她的姐姐，你母亲唯一还在世的亲人。"

"她不爱我，"哈利马上说，"她丝毫也不给我……"

"但是她接受了你，"邓布利多打断了他，"她可能是不情愿地、愤怒地、勉强地、难受地接受了你，但她还是接受了你；这么做时，她就完成了我加在你身上的魔咒。你母亲的牺牲使得血缘的联系成为了我能够给你的最强防护。"（《哈》第五集第三十七章）[1]

这是全书中的终极保护，用哲学的话来讲就是"存在论"

---

[1] 本书中的《哈利·波特》引文中译，除非另有注明，都出自本书作者之手。此书英文美国版：*Harry Potter and the Sorcerer's Stone* 等七集，著者：J. K. Rowling，出版地及出版社：New York: Arthur A. Levine Books，自1998年至2007年。

的保护,完全依据被亲子之爱激活的血缘关系,其深意要用全书的情节来消化和展现。它超越了个别肉体(客体)的死亡,也超越了当事人(主体)的心理,但不失其活生生的身体血脉。"他[伏地魔]让她[哈利母亲]流血,但这血却活在你和她的姐姐的身上。她的血成为了你的避难所。只要你一年回到那里[姨妈家]一次,只要你仍然能称它为[你的]家,他就不能在那里伤害你。"(同上章)

正是由于这个终极原因,全书的第一句话是:"德思礼先生和德思礼太太住在女贞路4号,他们骄傲地认为自己是完全正常的,谢天谢地了。"(《哈》第一集第一章)要知道,"德思礼先生和德思礼太太"属于书中最无趣的人物,但他们一定要最先出现,因为他们的家暗示着哈利的生命线;而每一集讲到哈利时,都要从"德思礼家"开头。这种形式上的重复是必要的,如诗歌、音乐的重复一样,因为它在隐蔽地续签和更新那个血缘命脉的合同。

而且,书中要一再表现这个家对于哈利是多么恶劣——歧视、吝啬,甚至某种虐待,它是多么地愚蠢、无味,与巫师世界多么对立,等等;因为,此家越是不堪、越是讨厌,就越是能反衬出、还原出家的重要和本原:哈利只有在这家中才能得到终极保护甚至某种培养。毕竟就是在这个家中,哈利从一个1岁大的、急需一切照顾而不能存活的婴孩,长到了11岁;当他在霍格沃茨

第8章 《哈利·波特》中的亲子关系与孝道

魔法学校出现的时候,是"平安的和健全的"(《哈》第五集第三十七章)。尽管过了十个阴暗、困难的年头,但他既没有被宠坏(当然),也没有在性格、智力、身体、品质上留下重大缺陷,反倒是蓄积了许多先天和后天的潜能,让他在七集之中表现得光彩夺目。可以说,德思礼家对于哈利是阴,霍格沃茨魔法学校是阳,哪有无阴之阳呢?所以11岁以后的哈利,也要每年暑假回到这个"阴暗、困难的"家中活受罪。而我们的哈利对于这个家的任何不公平对待都可以忍受,唯一不能忍受的就是(像姨表姑妈那样恶劣表现出的)对于自己父母的侮辱,因为那会危及全部联系的基础。

因此,德思礼家糟到极点,则家庭先于任何主客特性的原存在性才被开显到极点。家是如此地不可避免,如此深入生存源头,以至于它可以经受住许多扭曲或变体,只要血脉联系还在。这是《哈》在我们这个家庭衰败的时代传达的一个关键信息,一个福音,是所有阅读此书的人会以哪怕是边缘的、无意识的方式感受到的。对于这套书的喜爱和排斥(比如有的教会公开抵制此书)都隐含地与此,而不只是它的"魔法性"相关。

2. 哈利为什么没有成为第二个伏地魔?

哈利与伏地魔之间有不少重要的联系和相似,使他起码潜在地是相当危险的。首先,他与伏地魔之间有身体上乃至意识上的直接联系。这是由于,当伏地魔第一次试图谋杀他,被自己发出的毒咒反击而受重伤时,他的一小块生命被击出而进入哈利体内(《哈》第二集第十八章),所以哈利像伏地魔那样会说蛇佬腔,也就是与蛇直接交流;他还与伏地魔之间有心灵相通或共感,这在第五集中发展到如此严重的程度,以至于哈利的意识被伏地魔短暂操纵,产生了要攻击邓布利多的欲望。在"魔杖选择巫师"的情况下,哈利得到的魔杖与伏地魔的魔杖乃孪生一对,这让魔杖制造者奥利凡德连呼"奇妙!"并由此预言哈利将"做大事"(《哈》第一集第五章)。而且,哈利与伏地魔之间有一些重要的相似品质:决断、出新,乃至从头就敢于违反规则(不过也不要忘记,哈利的父亲也是如此),比如魔法学校的规则,所以分院帽本来要将哈利分到斯莱特林学院,也就是伏地魔的祖先创建的学院。到最后一集,情况更加明了,哈利实际上就是会让伏地魔不死的魂器(Horcruxes)之一。这也就是说,哈利的生死与伏地魔的生死在很大程度上联在了一起。连邓布利多也曾以忧虑、警惕乃至恐惧的眼光来看待这种联系。

那么,哈利为什么没有成为一个新的伏地魔,不仅不追随他,而且与他的人生态势完全不同?我们可以说:哈利是善的,伏地魔是恶的;但我们可能更应该说:哈利是敢死、愿意死而不完全死亡的,伏地魔是怕

第8章 《哈利·波特》中的亲子关系与孝道

死、追求不死而最后完全死亡的。它们的哲理、伦理乃至信仰的含义，我们下面再详述。但是，是什么造就了这种根本的生存方式的不同呢？答案可能有多个，但最重要的一个应该到亲子关系中来找，因为这关系是那么根本，那么从头到尾地塑造一个人。

哈利与汤姆·里德尔（即后来的伏地魔）在亲子关系上也有一个共同点，即他们都是一般意义上的孤儿，但不同是：哈利毕竟与父母生活过最初的一年，这可能并不是无所谓的。另一个区别是哈利后来没有在孤儿院，而是在姨妈家里生活，尽管姨妈家对他从许多方面来讲，可能还不如正经的孤儿院，但如上所述，这也不是无所谓的。至于哈利与汤姆各自对待亲子关系的态度，可谓天壤之别。哈利是"阴中阳"，汤姆是"阴中阴"。虽然哈利到11岁都不知自己父母的真实情况，可一旦知晓，他对父母的想象、思念、认同和热爱，如燎原大火，不可阻挡。这在第一集中已经有明白的表现。他从厄里斯魔镜（the Mirror of Erised ["desire"的倒写]）中看到的，是自己"最深的、最为渴念的欲望"，而这就是他的父母和家族成员。对于他在这幻影前的痴迷，罗琳的描述是极其动人而又真实的。他看到的母亲"正在哭泣；微笑，同时又在哭泣"；"在他里边有一种强烈的疼痛，一半欢乐，一半极其悲哀。他在那里站了多久，他不知道"。（《哈》第一集第十二章）而在最后一集，当哈利去赴死时，在那最痛苦绝望的时刻,他通过复活石看到的、请他们陪伴自己走向死亡的,还是自己的父母和他们的朋友们。在如此炽热、痴迷而又凄苦的爱恋里面,我们才能信服地看到一个晶莹剔透、顶天立地、感人无际的哈利成长起来。

而伏地魔,尽管长相近乎其父,却对亲子关系极其冷淡、反感和残忍。他轻视自己过世的母亲,仇视并杀害了自己的父亲和祖父母,还将此罪行栽赃于舅舅,令其死于阿兹卡班监狱。他的无人性始于其无亲情。如果他有哪怕是母亲的爱,或感受到它,汤姆·里德尔就绝不会成为伏地魔。但是,也不能像家庭契约论的观点那样,认为伏地魔的父亲抛弃了汤姆母子(其中亦有些原因),违反了互助契约,就认为此人已经自动失去汤姆之父的身份,伏地魔杀他就不是一桩弑亲极罪了。事实上,这种弑亲对于汤姆的伤害更大,他的灵魂分裂就由此发端。

所以,尽管邓布利多对哈利说"正是你的心救了你"(《哈》第五集第三十七章)是完全对的,但更重要的是要晓得:这颗心正是由亲子之爱——慈爱与孝爱——所拯救的。就此而言,将哈利放到姨妈家养育,就又获得了一个理由:"保护"应该从身体与心灵两方面同时来看才对。"存活下来的男孩"中的"存活",至此又得到一重"由亲爱而存心"的深意。邓布利多一直告诉哈利:伏地魔不懂得爱才是最有力的;所以他相信爱是伏地魔强大中

第8章 《哈利·波特》中的亲子关系与孝道

的最弱点,而它却是哈利的幼弱中的最强处。这一说法对于哈利而言也常常是难于理解的,对于其他许多人来说,它或者是迂腐的,或者是高深莫测的。但是,邓布利多最终是对的,当你读完这个七集的精彩故事而掩卷长思时,或许会越来越清楚地看出邓布利多对在了什么地方。然而,这里有必要指出:他之所以对,是由于这"爱"不是抽象的普遍之爱、人神之爱,也不等于朋友之爱、师徒之爱、恋人之爱,而只能首先是在血脉中奔流的亲子之爱。没有第五集第三十七章的那个说明,邓布利多恐怕会被许多人误解;而当人们不像找到理解全书的钥匙一样重视那个说明时,误解也一样会发生。

所以,无论哈利多么像伏地魔,甚至与之共感、共生死,却凭借那熊熊的爱火化魔邪为神奇,百毒不侵,他的身体与心灵的阳刚正气让奇洛、伏地魔都无法忍受,所以,"最终,你不能［对伏地魔］关闭你的心灵也没关系了"(《哈》第五集第三十七章)[1]。此小说的高明处,就在于将这种爱力通过一个个细节,不但渲染得热火朝天,而且描述得情境逼真,让人一读之下,不由得不信。而且,甚至哈利的超常直觉,难道与他感受到的炽热的、恐怖

---

[1] 因此,说伏地魔是"哈利父亲的黑色副本"或"父亲式的人物",没有意义。这里没有什么俄狄浦斯情结,哈利从来没有隐藏、掩盖过他要杀死伏地魔的意愿。伏地魔给他的那点生命,与父母给他的生命,其活力不可同日而语。而且,哈利最后可以摆脱它,而父母给的却是终生不渝的。

的和难受的亲子乃至亲属关系无关吗？直觉来自原发的时间感或时机感，而那被撕裂但又血脉相连的亲子联系是最适合于激发和培育这种时间感的。

3. 作者激活、深化亲子之爱和亲子意识的各种手法

此书尽其可能，用了一切方式来激活和保持亲子意识。除了以上提到的让"男孩"得以在多种含义上存活的终极保护的显示之外，还有许多，可以大致分为正面加强和负面反衬两大类。

正面加强亲情意义的手法，又包含了多种样式。首先，此书的基本生存格局，是由广义的家庭传统塑造的。就故事情节而言，主要发生在波特家族、韦斯莱家族、马尔福家族和马沃罗家族之间；而就霍格沃茨学校而言，是四大创始人构建，以他们的家族名字来命名的四大学院，其中尤以格兰芬多和斯莱特林为重点。在此魔法世界中，人们的相互关系都从广义的家庭传统出发，再依个性塑造而成，与历史上乃至现在大部分人类世界的生存方式基本相当。此书共有 7 集 198 章加一个尾声，头一章如上所言从"存活下来的男孩"涉及的家族开始，最后的尾声则是三大家族现状的交代与未来世代的预示。总之，此书的所谓"魔法世界"，其生存结构就是一个前现代性的乃至后现代性的世界，人的生死荣辱、技艺的传承、价值的判断等等，都是非现代性和

非普遍主义的，具有强烈的家族传承的倾向。其中的魔法技术，是对传统技术的招魂，对未来技术的期待。西方宗教的基要派排斥它，崇尚现代性的人们忽视它，但尊重活的传统的人们喜爱它，因为它与现代性的距离，被小说艺术转化成了引发美感和趣味的"裂隙"（海德格尔语）。

其次，此书经常出现提示家族相似的各种标志和特性，以维持家庭的血脉流动于阅读视野之中。哈利前额的闪电伤疤，是后天的标志，但它除了提示谋杀和反谋杀之外，更有提示母爱保护的功能；哈利眼睛的形状和颜色，与母亲的一样，每次有人提及这种相同性，就是一次充满血亲意义的回忆和加强。哈利的头发、打魁地齐球的才能、敢于冒险的天性与父亲类似，这联系也同样被数次展示，不管是通过厄里斯魔镜，同学们（如赫敏）的发现，还是斯内普教授的冷嘲热讽。再次，父母并没有从哈利的学校生活中缺席，通过冥想盆和父母生前的朋友及敌人，父母的性格、举止甚至细节性的经历，都活生生地展示到哈利的心灵和读者空间中。海格首次在11岁哈利面前的出现，带有浓重的回忆复苏或"使哈利回归父母及其世界"的味道。海上孤岛、雷雨交加，就在哈利生日刚刚来临的时刻，这个巨人为哈利带来了温暖的炉火、可口的香肠、打开新人生的一封信，尤其是哈利父母的全新形象和它在哈利生活中的鲜活生命。

海格还为哈利带来他记忆中的第一块生日蛋糕,提示这生日的丰富的交织含义。而卢平、小天狼星、小矮星和活点地图的出现,更使父亲被激活到当前的生死搏斗中来。作为哈利的教父,小天狼星或布莱克与哈利之间的热烈真挚的情感,代表着哈利与自己父亲的某种意义上的相逢。教父在第五集的死亡让哈利完全失控,以至于在邓布利多办公室爆发,导致了那次重要的谈话。而哈利为此经受的悲伤与空虚,甚至超过了经历邓布利多的死亡。

再有,父母亲、教父在关键时要出现,拯救他、启发他、安慰他、陪伴他。第三、第五集,教父为了救护他奋不顾身;第四集第三十四章,父母的魂灵身体出现,保护他从伏地魔的死咒中逃脱;第七集第三十四章,父母、教父、父母的挚友陪他走向献身。

另外,书中还有不少二级、三级、四级的家庭关系显示,比如罗恩所在的韦斯莱家族的家庭关系波及哈利,纳威所在的隆巴顿家族关系,赫敏的"泥巴种"家庭对她在巫师界的影响,海格的巨人混血家族背景带来的种种遭遇,学校中的同学关系变为新的家庭关系,等等。

就负面反衬的手法而言,以上已经涉及一些,伏地魔的无亲情人生是一个重要反衬,而斯内普的角色更耐人寻味。他对哈利的公开嘲讽和恶意让哈利及读者的家庭意识不断获得新燃料,而直到全书最后才暴露的他对于哈利母亲莉莉至死不渝的爱情，令他始终隐蔽地保护哈利，并成为邓布利多安插于伏地魔身边的重要线人。哈利最后用斯内普之名为自己的第二个儿子命名，表示出他将随波特家族的延续而不朽。德拉科所在的马尔福家族，是反派角色，但它不像马沃罗家族那么衰败，因为家族中还有母爱，所以德拉科毕竟不能像伏地魔那么残忍，面对已经毫无抵抗力的邓布利多下不了手，这些都导致了此家庭和家族最终与伏地魔的距离，以及在后者败亡后的延续。这个例子对于家庭源头性，有不亚于正面家庭形象的辩护。邓布利多的家庭悲剧（《哈》第七集），克劳奇的家庭悲剧（《哈》第四集），不也有它的家庭辩护价值吗？

用一个排比句来总结以上关于《哈》所讲的，就是：死去的家庭让人失性，不幸的家庭让人不幸或受伤，还有活气的家庭让人延续，充满爱意的家庭让人得救，让家族繁荣，而生死交织的大爱家庭让人升华，让人生回肠荡气、气势辉煌。

三 为什么说哈利是大孝之子？

1. 善继人之志

当我们说哈利是孝子时，可能不少人会莫名其妙、一头雾水。一位英国的小巫师、一个孤儿，也可以说是

家与孝：从中西间视野看

孝子吗？

先说什么是"孝"？如其汉字本身所显示的，孝是子代对上一辈（"老"辈）亲代的敬爱、扶持、善待和继承。它是现存人类的独特能力和本质性特征。黑猩猩与我们只有百分之一点多的基因差异，但它们还不会孝。中华儒家文化可说是一种广义的孝文化，而儒家对于孝的含义也有深层的发掘。按照《礼记·中庸》所引孔子的话："夫孝者，善继人之志，善述人之事者也。……事死如事生，事亡如事存，孝之至也。"可见，尽管在父母生时，孝子孝女必有直接的孝行孝心，如养之（既养其体，亦养其志）、敬之，但在父母去世后，孝也有同样重要——如果不是更重要——的表现，即善于继承父母遗志，体现到具体的事–情里，使父母之死不碍其生，其亡不塞其存，这才是"孝之至也"。按照这个原则，周武王和周公都是达孝之子，因为他们继承其父文王的修身、齐家、治国、平天下的志向，并实现之。

就此而言，哈利当然是一孝子。虽不得伴父母而养之敬之，但其父母之所大爱大恨者，也正是哈利的大爱大恨；其父母未完成之事——抵制黑魔道，传承波特家族，哈利行之成之。更具体地说，父母所亲近的师长朋友，在条件可及的情况下，无一不是哈利所追随者、所亲近者；而且哈利对他们都是倾心、热心地追随和爱戴，上有邓布利多，中有小天狼星、卢平，下有海格。甚至对被迫出卖父母的叛徒小矮星，他亦设想其父亲如在，是否会杀之，特别是否会让他们共同的另外两个朋友来操刀，于是怜而释之。此为"善继人之志……事死如事生"之典范。哈利其孝也大矣！

2. 大复仇（一）：此说的含义与出处

然而，哈利之为孝子，还有一个甚至更重要的原因，这就是他为被邪恶杀死的父母复了仇。这一点还不完全等同于"善继志"。父母生前一般不会想到这个问题，也就是一般没有这方面的具体的"志"；此外，即便在"假如父母现在还活着，他们会不会渴望儿子为他们复仇"的考虑里，也可能有不同答案。有的父母可能为了儿子的安危，而不同意复仇。但是，按照儒家的一个原则，这种复仇是无条件的，甚至无须父母可能的同意。

这个原则可称为"大复仇说"，被表达于由《春秋公羊传》造就的传统中。它的基本意思是：如果父亲、君主被不公正地杀害，儿子或男性的直系后代要报杀父之仇，臣子要报弑君之仇，哪怕这个报仇的对象是君主或掌权者。

《春秋公羊传》对它的表述涉及一些事件，其中两个最典型，即：庄公四年夏，齐襄公灭纪国为九世远祖复仇；另一个更著名，是定公四年冬，伍子胥借吴师破楚，鞭楚平王尸为父兄复仇。齐襄公是个恶君，但由于他出兵灭纪时给出的理由是报纪国祖先害死他九世祖之仇，于是得到了《公羊传》的赞许。《春秋》和公羊家恰恰是要通过对这么一个恶人的过分褒奖，来彰显"大复仇说"的不可动摇和根本。

这是国君报国君杀祖之仇，而伍子胥报仇则是个人报国君杀父之仇。这可以吗？按某些后来流行的儒家看法，比如《左传》中的某些说法和后来的一些意见，这是不行的，因为君主代表天意，代表更高的原则，就是杀错了人也不由他个人负责。但是按公羊学，按原本儒家，自己的父亲被君主不公正地杀掉，也应该报仇。

伍子胥报楚平王杀父兄之仇，记于定公四年冬十一月。《春秋》的经文是："冬，十有一月，庚午，蔡侯以吴子及楚人战于伯莒，楚师败绩。"这里面提到吴君时用了一个"吴子"。春秋时代，吴国被看作蛮夷，此处称吴君为"子"是特别的赞扬，所以《公羊传》要解释一番：

> 吴何以称子？夷狄也，而忧中国。其忧中国奈何？伍子胥父诛乎楚，挟弓而去楚，以干阖庐。……曰：事君犹事父也，此其为可以复仇奈何？曰：父不受诛，子复仇可也。

吴国本是蛮夷，照理不该称子，但吴国"忧中国"，忧蔡国（蔡国算华夏）。另外还有，伍子胥的父兄被楚平王不公正地、邪恶地杀害了，伍子胥就跑到吴王阖庐那儿等待复仇的机会。终于蔡国向吴国求救，机会来了。但是，"事君犹事父也，此其为可以复仇奈何？"事君就像侍奉父亲一样，怎么可以向父亲报仇呢？回答是，如果亲生父亲死得不公正，本来不该杀的（"不受诛"），却被邪恶者杀害，在这种情况下，去复仇就可以。伍子胥的复仇，在历史上惊天动地，给中华文化刻下了一道深深的血痕。20世纪人的一首诗还写道："留得子胥豪气在，三年归报楚王仇。"

我以为儒家提出大复仇说的第一原因，还不是"尚耻"或追求历史正义（蒋庆先生观点），而是要彰显亲子关系，特别是孝道的原发地位，让它超出一切从出的礼法，以刀光血迹来宣示这父子生命一体的终极价值。臣子为君复仇，是从子报父仇衍生出的，就像忠是孝的一个递推。汉代以后，这种视"孝"重于"忠"的思想受到压抑，公羊学的大复仇说几乎不再流传了。到了现代新文化运动，就更刻意把儒家说成是为君主帮腔、没有自己的价值脊梁、没有血性气概的腐儒。1998年，郭店楚简出土，人们忽然"发现"原来儒家里头还有另外一面。其中有一篇叫《六德》，它讲：

> 为父绝君，不为君绝父。为昆弟绝妻，不为妻绝昆弟。为宗族疾朋友，不为朋友疾宗族。（《郭店楚

简》，第131页）

讲得不能再清楚了，"为父绝君，不为君绝父"，这是一个不对等。这三组关系里都强调亲情关系，尤其是亲子关系，是第一位的。李零先生说这种讲法是"前不见古人，后不见来者"（《郭店楚简》，第138页），实际上以前那些文献都摆在那儿，只是戴着新文化运动的有色眼镜，就看不出来它而已。

为什么有这样的不对等呢？因为"父"与"君"在人生的生存结构中的位置不同、含义不同。

> 男女别生言，父子亲生言，君臣义生言。……男女不别，父子不亲；父子不亲，君臣无义。是故先王之教民也，始于孝弟。君子于此一体者无所废。是故先王之教民也，不使此民也忧其身、失其体。孝，本也。（《郭店楚简》，第132页。标点有变动，加强符来自引者。）

这里面最重要的还是亲子关系。为什么呢？因为男女或夫妇有别（以上第6章有讨论），是为了使父母与子女有亲，而君臣之义也要以父子之亲为依据、为源头。"孝，本也。"孝是儒家的根本，国家的根本，礼乐的根本。所以先王教化必始于孝悌，这是一切文化的原初之"身"

和"体",是一切人间价值和道德的最深承载者。

3. 大复仇（二）：哈利杀伏地魔是自保还是复仇？

哈利最后杀死伏地魔,从事实上看,杀死了十七年前谋杀父母的恶凶,是为父母复了仇;按公羊《春秋》说和儒家孝亲说,他无疑是孝子。但是,可能有人会争辩说:哈利杀伏地魔主要是为了自保,而不是复仇。从此书的某些情节上看,这种争辩确不是无稽之谈。比如,有一个预言被伏地魔解释成:在他和哈利之间,只有一个人能活（《哈》第五集第三十七章）,于是伏地魔全力追杀哈利;哈利如果不杀此魔,自己也活不了,因此他诛杀伏地魔的壮举应该首先被解释为自保,而不一定看作是为父母复仇,即便他的确仇视伏地魔,也想为父母复仇。

但仔细审阅后,就可知此论点不能成立。的确,哈利在几次面对伏地魔及其化身的攻击时,正面显现的形势是:如果不战斗,就会丧生;但从它们的上下文来看,哈利从根本上是主动的,如果没有他事先的积极投入,就多半不会陷入那种形势。仅仅观察第一、二、五、六等集的主要情节,就会看出情况就是这样的。比如第一集中,如果没有他（及罗恩、赫敏）对魔法石、"尼可·勒梅"乃至"斯内普的阴谋"的不懈的、尽管有时是错误的追逐,乃至关键时刻的奋不顾身、一往无前,就不会面对伏地魔和奇洛的攻击。在别的剧集里边,有时罗恩与赫敏都不相信哈利的"敌情发现",但哈利的敏锐直觉从不停止运作,而一旦该采取行动,无论多么危险和骇人听闻,他也从不像哈姆雷特那样犹豫。

关于哈利杀伏地魔的主动与否,第六集第二十四章后半,在邓布利多与哈利的另一次重要谈话中,给出了决定性的回答。邓布利多为了让哈利认清自己的本真意向,看出"爱"是多么不寻常的力量,显示出了全书中罕见的焦躁,竟唯一一次地在谈话中连呼两次哈利的名字:"哈利,哈利,[那预言之所以有效,]只因为伏地魔犯了一个严重的错误,去按照特里劳妮教授[预言中]的话去干了。"伏地魔的选择恰恰促成了这个本可能是空洞的预言:制造了自己的最大敌人(哈利),而且由于第一次失算,使得哈利拥有了有助于战胜他的能力——比如蛇佬腔和与他的共感联系。说到这里,哈利还是不明白这造成了什么不同,还是觉得他主动去杀伏地魔与被迫应战而自保,"就是一回事"。邓布利多着急地告诉他:不是这样的!如果是出于自保,那么那些从伏地魔来的能力,可以让他成为伏地魔的追随者,甚至被其操纵;而如果是出于主动的复仇,那么伏地魔就完全控制不了他,从伏地魔来的能力才会如预言所说的,成为"黑魔王不知道的力量"的同盟。而造成这主动与被动的原动力,是什么呢?接着看这对话:

第8章 《哈利·波特》中的亲子关系与孝道

[邓布利多说：]"……正是伏地魔的错误让你能看到他的思想和野心，你甚至能懂得他发命令所使用的蛇语，然而，哈利，尽管你有进入伏地魔世界的特别穿透力（这可是食死徒们甘愿冒死而得到的），你却从来没有被这黑魔法引诱，绝对没有表现过，哪怕只一瞬间，要成为伏地魔追随者的愿望！"

"当然没有！"哈利激愤地说，"他杀了我的妈妈和爸爸！"

"长话短说，你就是被你的'能爱'（your ability to love）所保护着的。"邓布利多高声说道，"这是让你能抵制伏地魔式的力量诱惑的唯一保护！无论经受了多少诱惑、痛苦，你仍然保持了心地的纯洁，纯洁得就像你11岁时那样，当你注视那反映出你心灵欲望的镜子时，它显示给你的只是如何挫败伏地魔大人的方式，不是长生，也不是财富。哈利，你要知道，能在那镜子中看到你所看见的东西的巫师是何其稀少！伏地魔那时就本该明白，他是在跟谁打交道了，可是他没明白。"（《哈》第六集第二十四章）

这一长段引文，只是在为中间哈利的那句话作引言和注释。哈利觉得"他杀了我的妈妈和爸爸！"就是一个很自然的终极回答，而没有意识到它已经让他跨越了那陷溺了多少巫师（甚至包括年轻时的邓布利多）的力量崇拜。可见，邓布利多总是语焉而未详的"爱的力量"，就来自这"能爱"，而能爱的根子就在这"妈妈和爸爸"所标志的亲子关系里！而且，邓布利多这里不自觉地忽略了一个相关的事实，即哈利在魔镜中最先看到的还不是"如何挫败伏地魔大人的方式"，而是自己的妈妈、爸爸和家族。由此他才能看见那"方式"。邓布利多似乎总不能在关键处明白点出这爱的源头，是否与他年轻时经历的家庭悲剧造成的痛苦心结有关？

哈利在这里实际上已经说出了他与伏地魔决斗的原因，但他过于纯洁，没有意识到它，还在疑惑那预言造成的形势使他没有别的选择。邓布利多就只能发出最后一击：

"但是，先生，"哈利说，尽全力显得不是在争辩，"所有这些情况达到的是同样东西，不是吗？我必须去努力杀了他，不然的话……"

"必须去？"邓布利多说，"你当然必须去！但不是因为那个预言！而是因为你，你本身，如果不去努力杀他，就决不会安心！我们两人都知道这个！请想象一下，只是这一刻：你从来没有听到过那个预言！你现在会怎么看伏地魔？想吧！"

看着邓布利多在他面前大步地走来走去，哈利思考着。他想到他的母亲、父亲,小天狼星,想到塞德里克·迪戈里[哈利的同学,当着哈利的面被伏地魔杀死,哈利将他的尸体抢回],又想到他所知伏地魔所干的所有的可怕事情。一股火苗在他胸中腾起,烧灼着他的喉咙。

"我要结果了他,"哈利平静地说,"我要[自己]去做这件事。"(同上章)

邓布利多说得对,哈利如果不去主动地杀死伏地魔,"就决不会安心"。而这位智慧的校长所建议的现象学式的"想象",还原掉了预言制造出的存在预设和被动心态,让哈利有意识地活在了他身处的情境中。他最先想到或活生生体验到的还是母亲、父亲和教父的死,然后是同学和他人的惨死,于是有火苗腾起;它烧去了一切不相干的,包括自保的解释,直接向他呼叫:杀死伏地魔,为父母复仇!同时也为他人复仇,为这世界讨回公道!这简直没有任何可商量的余地了,所以他反而平静了;他做了"先行的决断",活在了他似乎无可选择,但实际上是无须观念选择的,但毕竟是选择了的而且势必重新再选择的命运之中。

正是由于这种为父母复仇的决断,他忘掉了自身之我。当最终知道自己也在无意中成了伏地魔的一个魂器时,他没有因为邓布利多的种种安排——包括要将他牺牲的安排——而觉得受了蒙蔽,而是选择在黑暗和孤独中走向死亡——"予及汝偕亡"(我愿和你一起去死)(《尚书·汤誓》)。前途并不明朗,伏地魔也并不一定会因他的死而死,但他只有先死,才能期待伏地魔之死。于是他就去死。这是真复仇、大复仇!按公羊《春秋》学,他是忘怀得失、舍生取义的真仁者;按儒家的孝学说,他是善继父母之志而安天下的大孝子。

伏地魔也谈到一个复仇,却是要报自己父亲遗弃他们母子之仇。"我的父亲就曾生活在那里。我的母亲是住在这个村子里的女巫,她爱上了他。可是,当她告诉了他自己的身份之后,他就抛弃了她。……他不喜欢魔法,我的父亲……在我出生之前,他离开了她,返回到他的麻瓜父母那儿,波特。她在生我时死了,留下我在一个麻瓜孤儿院长大。……但是我发誓要找到他……我向他,这个把他的姓名……汤姆·里德尔……给了我的傻瓜,复了仇。"(《哈》第四集第三十三章)这与哈利的复仇完全相反。他的父亲并没有杀死他的母亲。汤姆出于泄私愤而杀死亲父,按照儒家的看法,乃是悖伦逆天之大罪,自绝于天命,何"复仇"之有?!从此,他就只能认他创建的食死徒团体为他的"真正的家庭"(true family)。一些评论者看不出哈利与伏地魔在这里的分异,认为他们同为孤儿,同样认霍格沃茨学校和自己加入的核心圈子为家庭,等等,却忽视了一个关键区别,即两者对待自己亲生父母的不同，以及由此造成的"复仇"含义的天差地别。

四 不死还是虽死犹生？——哈利孝意识中的时间观

1. 追求不死的黑魔标记

上文述及哈利与伏地魔的区别，最大者是亲亲之爱的有无。而此爱的前提则是一种时间意识，[1] 它的结构与人的艺术感受尺度是内在相关的。前面讲到的孝意识，所谓"善继""善述"和"复仇"，无不充满了活的时间意味，也就是那代表将来的子代与代表过去的亲代的交织，或现在对于过去的承接和前抛。这里还不能充分展开对此时间意识的分析，而只能就其中一个重要问题来说明之，即亲-爱的时间前提必会涉及的死亡现象和相关看法。夫子曰："未知生，焉知死？"（《论语·先进》）这不是说不要思考死亡的意义，而是说不要脱开生命的当下体验去构造死后的世界与其形而上学的基础。从这套小说展示的亲子关系来看，对待死亡的看法要直接影响到对待亲子之爱的态度，所以不可不深析之。

伏地魔的一个最大特征或最强欲望，就是自己的超越死亡。他采取的最重要行动几乎都是被这样一个动机

---

1 参见拙文《孝意识的时间分析》，载《北京大学学报》2006年第1期，第14~24页。此文有英文和波黑文翻译。

推动着:为了求长生不死,他制作邪恶的魂器,滥杀无辜;为了那个谁生谁死的预言,他马上就去除掉一个婴儿;为了获得又一个身体,他无所不用其极。是的,他还贪求权力或强力,那也是他的特点,但在他那里,对权力与永恒存在的追求是共存的,而且是以后者为基底的(这一点使他不完全等同于那些崇尚尼采"强力意愿"说的人们)。因此,《哈利·波特》七集以"魔法石"为始,以"死亡圣器"为终,两者都是追求长生不死的手段,从中可见"死还是不死?"对于作者是何其根本的问题。

魔法石是尼可·勒梅为得长生而造,似乎在求一善事,起码无恶意,但伏地魔却可凭借它而重获正常的乃至长生的身体,卷土重来。所以如何藏护它,就成为令邓布利多为首的巫师们头痛的事情:设防重重的古灵阁巫师银行的地下秘库为此被抢,而霍格沃茨魔法学校里那被遍施魔法护咒的地穴,也挡不住黑巫师的侵入,只是靠魔镜、哈利(及另两位同学)和邓布利多的共同努力才勉强守住。事后,邓布利多和勒梅商议后毁掉了此魔法石,因为它的长生不死功能毕竟对于黑魔法更有用,而死亡的可能性实际上是站在了善良的一边。

死亡圣器是历史上三兄弟要凭之去战胜死神的三件法宝:隐形衣、老魔杖和复活石。它们并没能让持有者逃脱死亡,而只是带来了某种奇特的法力,产生的后果则依其特点和应用的智慧而大为不同。老魔杖最富于强力,很快就让持有者被杀；复活石似乎有起死回生之能，但却是逆时而行，于是持有者在绝望中自杀；隐形衣只是消极地非对象化，所以"好好地使用它"会让人躲避非正常死亡。

在第七集中，哈利寻找死亡圣器不是为求长生，恰恰相反，是要用它们来摧毁长生不死，也就是魂器和伏地魔本人。所以当他面临去摧毁魂器还是去获得圣器的选择时，他毅然选取了前者，于是又有了对于古灵阁地下秘库的第二次抢劫（《哈》中常有这种或显或隐的对衬），只是上一次是抢魔法石以求不死，这次是抢魂器而致死。哈利手中有两件圣器——隐形衣和复活石，但它们都不能阻止他走向死亡（他最后没有死，不是它们的作用）。而且，复活石招来父母、教父等魂魄，陪他赴死，隐形衣要被塞起来，好让哈利暴露在死咒面前。伏地魔表面上拥有了老魔杖，却在一定程度上死于它。

总之，让人长生不死者，不论是魔法石还是魂器，必须被毁掉，或者揭露它们（如圣器）的不死伪装；而那全力追求长生不死者（伏地魔），必须死去！不然这个世界就不会有蓬勃的生命过程。在这部极富哲理的小说中，"长生不死"是邪恶的象征，而自然的、健全的、英勇的死亡（格兰芬多学院的"勇敢"性，首先要在这个意义上理解），却是人间善良和幸福的前提和保护。其道理在于：长生不死要征服、管制和压瘪生存时间，而自然的死亡却在参与构成和保护着这时间。于是，破掉魂器和杀死伏地魔,在阅读体验中,就是生命和时间的释放和欢流,充满了阴阳交遇而产生的深刻美感。因此,勒梅夫妇在第一集中放弃了长生,而伏地魔在最后一集也就是第七集的末尾终于被给予了一个死亡,虽然是不健全的,但还是一个常人的被处死亡。此书是自然死亡,尤其是英勇死亡和生存时间的颂歌,连它的七集结构之"七",在古希腊哲理——比如毕达哥拉斯哲学——中,也代表着时间;而伏地魔征服死亡的七个魂器,也要在这第七集中被最终摧毁。

2. 哈利的生死观与时间观

反观哈利,我们的孝亲英雄,其对待死亡与时间的态度与伏地魔正相反。死亡不是他要征服的对象,而是他人生的动力和源头之一。如上所论,父母的死亡是他后来人生的主导动力,而他额头上的闪电形伤疤,则是死亡与生命的联体象征。所以在他那里,死与生不是截然分开的,他个人的死与生和其他人——特别是父母——的死与生也不截然分开。这伤疤,以及他梦魇中的绿光和惨叫,意味着他曾经生活在死亡威胁中,而且当下和未来还要面对这种威胁;可这威胁恰恰激发出原真的时间感受,表现为透视般的直觉和大无畏的冒险勇气。而且,这直觉和勇气让他厌恶一切对绝对永恒和权力的追逐。

所以,死亡对于他不是绝对的虚无、负面与隔断,而是以更深沉的方式联结过去与未来的通道，每次接触死亡，都为他打开通向过去与未来交织的生存时间，特别是家族世代时间的新门。当他从海格等人那里得知父母死亡的真相时，他反倒从此与父母生活在了一个血脉接续的世代时空间的世界中，它要比物理的时空间更真实和珍贵。哈利只认同非绝对的、非个人实体的长生，也就是家庭和家族的长生，个体在其中是虽死犹生。第七集第十六章，他和赫敏在戈德里克山谷的墓地中看到了他父母墓碑上的铭文："尽末了所毁灭的仇敌，就是死"（The last enemy that shall be destroyed is death）。小说中没有提供它的出处，但实际上它出自《新约·哥林多前书》15∶26。[1] 有的评论家断言它反映出《哈》书的基督教倾向，也曾有报道讲这是罗琳本人的看法。可在此书中，哈利读到它的第一反应是拒斥性的："他产生了一个可怕的思想，给他带来一种慌乱。'这不是食死徒的观念吗？为什么会在这儿？'"哈利的这个想法很自然，这句话的字面意思的确就是伏地魔的观念，要不择手段地"毁灭死亡"，达到长生不死。但赫敏马上再解释了它："'哈利，它并不像食死徒所意味的那样，指战胜死亡，'赫敏说，她的

---

[1] 此集中，哈利和赫敏在邓布利多的母亲和妹妹的墓碑上看到的是："你的财宝在哪里，你的心也在哪里。"（"Where your treasure is, there will your heart be also."）书中也没有标明它的出处——《新约·马太福音》的6∶21。

声音是柔和的,'它意味着……你知道的……超出死亡而活着。在死亡之后而活着。'"在这新解释中,这铭文的意思就宽广多了,足以容下哈利的乃至儒家的生死观。在个体的死亡之后,凭借亲子之爱,他或她在家庭和家族的记忆和孝爱中仍然活着,而家庭和家族也仍然活着。

所以哈利对父母乃至教父有最天然赤诚之爱,以"善继""善述"承接之;对朋友和恋人倾心相与,让生活充满当下构成的热烈与更新;对正在成长的子女,包括养子无限慈爱——那么爱父母的人,绝不会不那么爱子女的,这是生存时间或世代时间的三向度交织的"逻辑"所决定的。虽然"尾声"着墨不多,但寓意悠长。哈利送第二子去上霍格沃茨学校,随着那列从九又四分之三站台开动的火车向前奔跑,挥手不停,直到看不见;然后这手落下,抚摸那闪电伤疤……;至此,那血脉搏动、奔流的家庭和家族的时间,就得到了形式上的完成。所以此小说没有像许多其他作品那样,在情节的"最高潮"处,即哈利杀死伏地魔而成为全魔法世界的英雄和领袖时戛然而止,而是加了一些后续的交代和尾声。对于这部表现了孝意识和家族时间的作品而言,它是必要的,因为活的生存时间是不会"戛然而止"的,除非是永恒化的时间。

这后续的交代更清楚地表明哈利对待死亡、时间和力量的看法,进一步展示了那段墓碑铭文的真实含义。他向邓布利多的画像——它起码在他眼中还是活的——交代,他将放弃复活石,也就是对死亡的虚假征服;他将保留隐形衣,因为它是家族的遗物,而且不与自然死亡冲突;他将不拥有老魔杖,这绝对力量的象征,而将它放回到死去的邓布利多的墓穴中,也就是它的前面第二任拥有者的身边,让它的魔力在他(哈利)自己的自然死亡时终结。但是,在放回老魔杖之前,哈利使用了它一次,也是唯一一次,用它修补好了自己原来的魔杖,享受了与亲身传统的温暖、欢乐的重逢。然后,他渴望的就是回到自己久别的床上去睡觉,去吃上一份三明治。仅此而已!哈利的纯洁让我们感动至极,还邀我们深思它的含义。

这纯洁是生存时间(existential temporality)本身的纯洁,或者说是时间纯洁性的人间体现。没有自然意义上的健全死亡乃至必要时(比如大复仇时)的英勇就义,这"不舍昼夜"的时间之流就会被污染、阻塞、奴役。时间一定是无常的,一定是暂时的,一定是不完全驯服的,所以才能是意义的源头和生命的渊薮;但时间又一定是连续的、非现成有限的,所以必包含着回忆、思念、秩序、循环、可能和持久。而死亡既是时间的清道夫,去除其中的对象化赘疣,又是它的联系与过渡,比如现在之死成就过去和未来的来临,因而每一瞬间中都有死与生的交织。正因为如此,现在之死不是实体性的,它被保持在刚才里,深藏在记忆中,而且总可能在未来再次以变样的方式迎接我们。但毕竟,没有一个绝对的同一性来保证现在的永恒，保证过去走向未来的必然路径及终点（所谓历史规律或救赎计划）；遗忘或误记总是可能的，死而不再生也总是可能的。

死亡就这样表明生存时间，特别是家族时间的根本性，否认在这之上还有更高级的实体存在。哈利认同的只是这种时间、这种生活，挑战和反感于一切要在这之上建立绝对权威的企图，就此而言，他比邓布利多还要彻底和坚决。他与伏地魔之决斗，从哲理上看，是家族生存时间与无时间永生之斗，是那被以不公正方式严重损害的传统时间和艺术时间，向全力追求超时间的现代性及其高科技的复仇。当尼采说"上帝死了！"之时，他还不知道一种更致命的死亡威胁，即"家庭要死了！"的威胁，因为这种家之死会褫夺健全的自然死亡的可能，让我们再也听不到世界与人生的音乐性——天籁、地籁和人籁，让狄俄尼索斯变得完全疯狂，让阿波罗失去琴弦而成为登月飞船。当哈利为了这种时间而战时，他带给了我们与《星球大战》不同的更强美感，因为这美感是生存时间的技艺体现。

总之，哈利全部的生存动机、信仰动机、感情动机和行为动机，都从这死亡与新生交织的时间中涌现出来。他要恢复传统与现实的活的联系，要让那不死的单一性死亡，所以"分院帽"是不能被毁掉的，当它被伏地魔点燃而处于危殆时，突变就出现了；从中抽出的格兰芬多的宝剑，斩去魂器，维持传统的多样性和原发的不确定性。这么看来，罗琳应该曾感到，如果她不在"高潮"之后加上哈利对于死亡圣器的否定或分别安排，这本书乃至这套书的结局就是不能接受的，因为这时的哈利手握全部三大圣器（复活石可以被他寻回），似乎成了最有力的巫师，最有可能战胜死亡。于是，尽管哈利极度疲劳和困倦（作者也可能如此），但还是必须在他的导师、历任校长的活画像和他的战友前宣布：他将放弃一切有损于自然死亡和生存时间的东西。然后，是睡眠、是吃饭，是尾声中我们这个生活世界中的亲子传递和家族传递。"一切［就］都好了（All was well）。"（《哈》第七集尾声末语）

结语

《哈》中对待死亡的态度之所以如此重要，因为它直接联系着人们的时间观。是有限的、生存化的时间观，还是无限的、超越化的时间观？选择哪种时间观与人们对待亲子关系，特别是其中的孝意识的态度内在关联。只有在前一种时间观中，亲子关联和孝道才会具有终极的含义。而我们在哈利身上，看到的正是这种终极性的充满魔力的辉煌表现。因此，《哈》获得如此巨大的跨文化成功也就不奇怪了；说到底，我们这种人类难道不首先要在亲亲和孝道之中实现自己的人性吗？

附 录

儒家会如何看待同性婚姻的合法化？
——对某些可能性的探索

西历2015年6月26日，美国最高法院以五比四的微弱多数裁决同性婚姻为合法。[1]毫无疑问，此裁决将是影响深远的，但它是合理的吗？九位按美国宪法精神选择出的法官已经对它的合理性产生了重大分歧，并在判词前的说明中各表赞成和反对的理由，在某些要点上几乎是针锋相对。而在不同的民众群体和宗教团体之间，对它也有截然相反或差异良多的态度。儒家以家庭为源头，对于这样一个直接与家庭的未来相关的事件，有不容推卸的思考责任。

以下的探讨想回答的问题是：在这个关乎其学说的根基——性别、夫妇和家庭关系——的问题上，儒家在

---

[1] Syllabus of SUPREME COURT OF THE UNITED STATES, No. 14–556. Argued April 28, 2015—Decided June 26, 2015. http://www.supremecourt.gov/opinions/14pdf/14-556_3204.pdf.

历史上持何种观点?当今面对新形势又该如何应对?儒家与其他宗教和意识形态比如基督教、希腊宗教和自由主义在此又是什么关系?在下希望能在意识到这个事件及这些问题所涉入的多重复杂性的前提下,对这个裁决的合理与否做出尽量符合儒家原则的分析和判断。当然,限于本人的学识和见地,这种判断能不能充分体现儒家的真精神,还要请读者们、同仁们甚至是未来的历史来辨别。对于肯尼迪法官执笔的判决说明中的《礼记》引文,以下也会做些考订和讨论。

一 中西视野中的同性恋

同性婚姻以同性恋为前提,而同性恋是指在同一种性别内部的人们之间的性爱关系,既可以是心理上的,也可以是身体上的和生活方式上的。基督教的《新旧约全书》及其长期以来的实践都毫不含糊地排斥同性恋,但依时代而有不同的表现。《旧约·利未记》记耶和华神的话曰:"若与男人苟合,像与女人一样,他们二人行了可憎的事,总要把他们治死,罪要归到他们身上。"(20: 13)[1]《新约·罗马书》中保罗写道:"他们的女人,把顺性的用处,变为逆性的用处;男人也是如此,弃了女人顺性的用

---

[1] 引文出自《圣经》和合本。

处，欲火攻心，彼此贪恋。男和男行可羞耻的事，就在自己身上受这妄为当得的报应。"（1：26～27）因此，深受基督教塑造的西方中世纪和近现代社会及文化，直至上个世纪后半，对同性恋一直持严厉压制或起码是歧视的态度。从70年代开始，在当代自由主义的影响下，这一情况开始转变。美国精神医学学会董事会1973年决定同性恋不再算精神疾病，世界卫生组织于1992年也做出类似决定。美国心理学会和一些研究认为，人不能由自己的意志选择同性恋或异性恋。换言之，这种性趋向是天生的、不可真正改变的。因此，我们随众称这种主张是此问题上的"本质主义"。但也有的研究者，包括身为同性恋者的哲学家福柯都认为性趋向会受到周边人际和文化环境的影响，此即所谓"社会建构说"。现在的主流观点似乎是认为某些同性恋者是天生的，即由生理上的特点——比如基因或基因表达上的原因、受孕期的某些激素分布异常的原因——引起的，无法被教育乃至宗教信仰加以真实改变；另一些同性恋者则是被环境建构出来的，他们的性倾向可以不止一种。甚至有的研究者主张人类成员大都有潜在的多重性倾向，只是通常仅有一种显现和主导而已。

儒家既没有像基督教那样谴责同性恋及其结合，也不会赞同古希腊文化对同性恋，特别是男同性恋的某种鼓励倾向，而是对同性恋现象采取有保留的宽容态度，更愿意以道德人品而非性取向来评判其个人。在孔子和他的后世弟子们的解释视野里,《周易》的易象和哲理以阴阳为根本,而这阴阳必表现为天地、刚柔、男女等等。于是有《周易·序卦》中的这一段:"有天地,然后有万物。有万物,然后有男女。有男女,然后有夫妇。有夫妇,然后有父子。有父子,然后有君臣。"可见儒家视男女与夫妇、亲子之间有内在关联,他/她们都是构成世界的原生结构的体现,不是偶然的或只由社会或文化建构出来的。因此,儒家从总体上不会赞成同性婚姻合法化,也就是不会将它与异性男女构成的夫妇或家庭等同。

但是,儒家并不认为同性恋本身是邪恶的,而是会认为[1],这种现象只是阴阳相交不充分而生出的某种偏离,如果数量不多,也属寻常现象。如《周易·系辞下》曰:"刚柔相推,变在其中矣。系辞焉而命之,动在其中矣。吉凶悔吝者,生乎动者也。"既然阴阳相交生出变动,所生者还是含有阴阳,就不会都是相反互补而相交的阴阳原关系,也可能甚至势必出现不那么充分的阴阳体现,因而有"吉凶悔吝"的各种情形和产物可言,其中就可以有阴傍阴或阳依阳的情况,尽管这种情况中也有阴中阴、阴中阳或阳中阳、阳中阴的差异。因此,秉承《周易》和《太极图说》的朱熹就说:"造化之运如磨,上面常

---

[1] 由于儒家文献似乎没有直接针对同性恋的讨论,所以以下的探讨和判断是本文作者根据儒家文献的基本义理和相关事实进行的。

转而不止。万物之生，似磨中撒出，有粗有细，自是不齐。"(《朱子语类》卷一）由于整个宇宙是阴阳构生的大结构，所以男女化的夫妇一般说来会占大多数甚至绝大多数，但也的确不能排除少数男男化或女女化的搭配。他们内部虽然也有小阴阳或准夫妇之分异，但因背离大阴阳而无法生育后代。由于这种自绝后裔的搭配，在正常情况下，他们就更不会在族群中泛滥成灾。

因为这种大的思想方式造成的哲理和信仰格局，儒家和中国传统社会一直对同性恋持不鼓励的宽容态度，所以同性恋现象在各个历史时期，特别是比较繁荣安逸的时期，都以和平的方式存在。尽管儒家不会承认同性恋者可以组成与正常家庭完全平等或一样的家庭，但也不会像西方漫长的中世纪乃至近代的主流态度那样，视此现象本身是务必铲除的罪恶。

就个人而言，儒家更重视其为人如何。比如《左传》哀公十一年记载，在鲁国抵抗齐国入侵时，一些人害怕退缩，而鲁昭公的儿子公为（又称公叔务人或公叔禺人）与他的"嬖僮［即娈童，男同性恋的一方］"汪锜奋不顾身地参加战斗而亡。国人因为汪锜未成年而不知是否可以不用祭未成年人的"殇"礼，而就用祭成年人的正式礼仪来致敬。于是孔子建议道："能执干戈以卫社稷，可无殇也。"意思是汪锜能够在国家危难时拿起武器战斗而死，我们就可以不用殇礼来祭他，以表达对他的特殊敬重。

《礼记·檀弓下》也记载了此事和孔子类似的评论,只是未明示汪锜与公为的同性恋关系,但我们可以推想,孔子一定是知晓这层《左传》明确记载了的关系的。由此可见,当时华夏邦国中有广为人知的同性恋现象,而且孔子并不因为一个人是同性恋者而忽视他的道德行为和贡献。换言之,儒家没有针对同性恋个人的歧视,尽管也不会赞成一个君子去行此事,《檀弓》隐去汪锜的同性恋身份也可以看作是这种保留的一个指标。

二 造成这种差异的哲理根据

中西之间、儒家与基督教及希腊宗教之间为什么在看待同性恋问题上有如此大的差异呢?其根本原因还是双方思想方式的不同。西方文明的来源是两希,即古代的希腊和希伯来文化及信仰。这两者虽然有重大的不同,但相比于东方文明,它们共享一个形式特别突出的基础,即二元分叉的思想方式(a dichotomous way of thinking)。这种思想方式让人倾向于将一切存在者分为两个相互硬性对立的阵营,一个是它坚持的,另一个是它反对的,中间没有根本性的回旋余地。它隐含的一个前提是:即便是终极的真理和实在,也是可以被人作为形式化、观念化的实体对象而知晓并表达出来的,因而可以成为人们依据来划分两阵营的静态原则。这种二元思想最具有权威性地集中表现于两希的经典，比如希腊的《神谱》《荷马史诗》《理想国》《形而上学》《几何原本》和希伯来的《新旧约全书》（《圣经》）。因此在对待同性恋的问题上，古希腊人既然不反对它（连宙斯神也有过男宠），那么就没有任何合理抑制它的机制，于是柏拉图在他的对话如《会饮》中，就不但从人类起源神话中找到同性恋天然存在的理由，而且特别赞美男同性恋的爱情，视之为比男女之情更纯粹者。此男风一直延续到罗马文明。

而通过基督教的经典视野来看，是上帝创造了世界和人，他先造了男人，又用男人的肋骨造了女人。女人受蛇引诱而促使男人和她一起吃了禁果，于是双双被赶出伊甸园，在尘世中艰难生育后代，以维持人类的生存。由此可知，上帝并没有创造同性恋这样的人，只造就了异性恋的男人和女人，为的是让一男一女结伴并繁衍后代。这么看来，同性恋就是利用上帝造出的人的性别特点来行非性别的性事，因而是背叛上帝的原意和为人规定的生命原则，就必像其他偏离严格的一夫一妻制的性行为——乱伦、夫妻生育外的性事、人兽的性事——那样受到神谴。因此，坚持自己传统的基督教就一定要全力反对同性恋，更不会接受同性恋婚姻的合法化。但当今赞成同性婚姻合法化的人士争辩道：记于《新旧约全书》的许多教条已经过时，并被大多数基督徒在现实中放弃，比如上述贬低、歧视女人的教条或《全书》中认某一个民族高于其他民族的看法，那么对同性恋的歧视的教条为何不可以被取消呢？反对者会回应道：同性恋与那些情况不同，这里涉及的是更基本的关乎人类生存繁衍的问题；但同情者又会举出理由来主张同性恋合法化不会影响人类的适度繁衍。而且，支持同性婚姻合法化的人士会坚持，既然社会进步已经突破了两希传统影响下设立的一系列老规矩，如黑奴制、女人无选举权、种族隔离，而现在又找不到比这些老规矩所给出的理由更硬性的反对理由，那么让同性恋合法化就是一个理性的选择了。

中国古代思想的主要流派——比如儒家和道家——都没有这种二元分叉思路的主宰，相反，持一种两方互补对生的思想方式，也就是认为终极实在和真理不是可现成把握和分割的，而是要在生命体验过程中生成对它们的应时认知乃至根本领悟；而这生发过程出自原本的一对区别，它们相互对立又互补，所以必交遇而生出新的存在者，它们也同样带有这种区别，所以势必生生不已。很明显，这是一种带有性别特征或阴阳特征的哲理，而西方的哲学中自古就没有性别的终极地位。[1] 这种阴阳生生思想中的世界也是有区别有秩序的，但这些秩序和

---

1 有关话题，可参考拙文《"性别"在中西哲学里的地位及其思想后果》（首刊于 2002 年），见拙著《思想避难：全球化中的中国古代哲理》，北京：北京大学出版社，2007 年，第 213～222 页。

意义是这条生成之流本身所依据和一再构成的变化样式，所以一切——包括终极的神圣天道——皆是时机化的，没有完全超越时空的固定实体和原则。

因此，在同性恋问题上，以儒家为首的中国传统思想主流不同于基督教，不认为人是由上帝创造出的，而是认之为出自天地阴阳大化。"天地[即阴阳]之大德曰生。"（《周易·系辞下》）"'乾道成男，坤道成女'[引自《周易·系辞上》]，二气交感，化生万物。万物生生，而变化无穷焉。惟人也，得其秀而最灵。"（周敦颐《太极图说》）阴阳化生中就必有某种不确定性，此乃"变化无穷"的题中之义，所以没有上帝造人那种绝对确定的类型，在男女这种乾坤、阴阳的典型体现之外，还会有其他各种阴阳搭配的可能，表现在性取向上也就有阴阴（女同性恋）、阳阳（男同性恋）、阴中阳（女同性恋中的偏男一方）、阳中阴（男同性恋中偏女的一方）等等的可能，同性恋也就不奇怪了。因此，即便对同性恋者之间的同居或共同生活，儒家也不会大惊小怪。但另一方面，儒家又不同于希腊和现代建构派的"怎么都行""异性恋与同性恋无重大区别"的看法。毕竟，异性恋是阴阳化生的原发生机制的现象化，与同性的阴阴或阳阳的无生组合在"生"还是"不生"这个要点上有原则区别；而其在法律或现代礼制意义上的婚姻，更不是同性恋者的结合可比拟的。

但是，也不能因此而完全否认同性恋者就与生生毫无关系,如果正确对待之,同性恋者于整个社团和民族的生存还是可以有正面相关性的。以上所引述的孔子对汪锜的赞许就是一例,他/她们也能够以自己的生命和道德勇气捍卫社稷家园,其中有义。此外,按照创建社会生物学的威尔逊(E. O. Wilson)的看法,在人性的漫长形成期,即打猎和采集为生的远古期甚至简单农业社会中,少量同性恋者的存在会增加所在群体的生存竞争力,因为这些无孩子拖累的人会帮助他/她们的亲属或所爱的同性伙伴(此伙伴有自己的家庭)来养育后代,使之有更高的存活率。他们还能够扮演预言家、萨满、艺术家和部落知识保存者的角色。[1] 这个假说的真实性可能还有待更多的考察,但它起码是对这样一个奇怪事实的一种解释,即注定没有自己后代的人们的基因为何能够经过多少万年的进化淘汰后而仍然存在。按威尔逊的解释,由于携带这种同性恋基因的人们对种群延续有一定的功能,所以可以凭借它帮助过的亲属的耦合基因而以隐性方式持续保留下来,再通过合适的机缘而显露。

如果我们承认生物世界的进化,那么有性繁殖是较晚出现的。一开始是无性繁殖,也可以看作原始意义上的同性繁殖。从某些角度看,它的效率要比后起的有性

---

[1] Edward O. Wilson: *On Human Nature*, Cambridge, etc.: Harvard University Press, 1978, pp.144~145.

繁殖更高、更简便得多。但是，麻烦和危险的有性繁殖一旦出现，却后来居上，大大繁荣起来，因为它包含了产生基因新组合和生命新形态的有力发生机制，近似于《周易·系辞》讲的"一阴一阳之为道""生生之谓易""易穷则变，变则通，通则久"的求生路子。自从有了异性生殖，才出现正常性关系与不正常性关系的区别，也才有了乱伦和同性恋的问题。难道说在某种意义上，这些在性别视野里边属于不正常的性关系，是生命体对无性繁殖的那种近乎永恒的古老同一性的思念与回溯？站在已然有性的哺乳类世界里，却以永恒的眼光来打量同性恋，可能就会得出基督教那样的看法；但如果能在这有性世界中，就以有性的阴阳变易的思路来看待同性恋，则会持有保留的宽容态度。它是一种中道，与建构论也很不同。在它看来，建构论只是本质主义的外在反转，没有改变对永恒与变易完全对立的二元看法。

三 儒家为什么不同意同性婚姻的合法化？

1. 肯尼迪法官引用的孔子语及其适当与否

当我们读到美国最高法院的法官们对这次宣判的说明时，发现赞同和反对让同性婚姻合法化的双方都要先大大称颂一番家庭对于人类的极端重要性；且都不限于基督教的传统，而要提及其他民族或文化传统"数千年来"对家庭的看法；甚至还都涉及中国人在此问题上的立场。看来在这些法官心目中，中国人，当然首先是中国古人是世界上最关注家庭的民族。这自然是对的。

特别是，在赞成同性婚姻合法化的法官安东尼·肯尼迪（Anthony Kennedy）的说明中，引用了《礼记·哀公问》中孔子的一句话，引起中国媒体和评论界的关注，但由于此引文有问题，也造成小小的混乱。肯尼迪引文的原文是："Confucius taught that marriage lies at the foundation of government."（肯尼迪说明的第二部分A节）直译为中文是："孔夫子教导说，婚姻是政体［或政府、国家］的基础。"但在《哀公问》中找不到与此引文完全对应的话，只有两句相似的，即"爱与敬，其政之本与"和"礼其政之本与"。中文媒体一般都在此两句中彷徨，不知何为其来源。经过查阅相关资料，现在得知：肯尼迪法官这句引文出自英国19世纪著名汉学家理雅各（James Legge）对"礼其政之本与"的英译，它的原译文是："Yes, (this) ceremony (of marriage) lies at the foundation of government."[1]

---

[1] 引自F. Max Müller编辑的《东方圣书》（*The Sacred Books of the East*）第28卷。*The Sacred Books of China: The Texts of Confucianism*, trans. by James Legge, Part IV, *The Li Ki*, XI–XLVI, Delhi–Varanasi–Patna: Motilal Banarsidass, 1966 (1885), p.266. 这一引文及其前文是："Confucius said, 'If there were not the united action of heaven and earth, the world of things would not grow. By means of the grand rite of marriage, the generations of men are continued through myriads

再翻译成中文就是："(这个婚姻之)礼是政体的基础。"而肯尼迪法官引用时，为了让它合乎自己的上下文，就去掉了理雅各译文中的括弧，它们本是用来表示括弧里是理雅各自己加入的解释，略去了"marriage"前面的文字，再加上"孔夫子教导说"，于是成了现在这个样子。从学术角度讲，肯尼迪这么做很成问题，混淆了理雅各的解释和正式译文。但考虑到他这里不是在做学术论证，且《哀公问》原文里，孔子在讲这句话之前的确是在谈(国君的)婚姻之礼，理雅各的解释有所依据，因此肯尼迪的这番手脚也就还不算严重歪曲了原作吧。

肯尼迪法官引用孔子的这句话和接下来引用罗马人西塞罗的话，为的是强调婚姻对于人类的重要；因此，几对同性恋人为了争取得到这个极为重要的婚姻合法性而提起诉讼，就在情理之中了。肯尼迪在此引用两位非基督教，也是先于基督教的伟人话语，而不引用西方文明根源之一的《新旧约全书》中关于婚姻的文字，似乎

(接上页) of ages. How can your lordship say that the ceremony in question is too great?'...'...If there be ground for shame on account of the condition of the states, this is sufficient to revive and renew them. Ceremonies are the first thing to be attended to in the practice of government. Yes, (this) ceremony (of marriage) lies at the foundation of government.'"（pp.265～266）("孔子曰：'天地不合，万物不生。大昏，万世之嗣也，君何谓已重焉？'……'……物耻足以振之，国耻足以兴之。为政先礼，礼其政之本与。'")

不是偶然。他完全意识到自己面对的正是来自那个宗教的文化压力和抗力,所以要向他心目中有权威的东方和西方的智慧哲人求助。

不过,肯尼迪最依靠的还是西方近现代一浪高过一浪的个体主义思潮和相应的社会变革。因此,他的通篇说明和最后判词的基本精神与孔子在《哀公问》和全部学说中表达的意思有重大冲突。孔子曰:"夫妇别,父子亲,君臣严,三者正,则庶物从之矣。""天地不合,万物不生。大昏[婚],万世之嗣也。"(《礼记·哀公问》)可见孔子心目中的婚礼,是将男女变为夫妇的结合,是要不断地生养后嗣,造就健全的亲子关系和君臣关系的重大举措,既是"礼之本"(《礼记·昏义》),又是"政之本"。而且,由于婚姻之礼数体现了阴阳之道,实现夫妇之间的爱与敬,"合二姓之好,以继先圣之后,以为天地、宗庙、社稷之主"(《礼记·哀公问》),所以它还具有与天地同流、与家族共荣、与时间同行的神圣性、社团性和恒久性。这些都不同于甚至在一定意义上对立于肯尼迪法官的立场。即便婚姻合法性对于同性恋者如此重要,但如果这种合法性会损害造就"万世之嗣"的婚姻之礼,也是不足取的。

肯尼迪法官也承认孔子和西塞罗讲的婚姻都是异性婚,但他后边着重论述了人类婚姻和男女关系在近现代经历的变化,以便为这次变革作铺垫。许多以前被坚持的东西,比如父母包办婚姻、男女不平等婚姻、被种族隔离管制的婚姻，在时代浪潮的冲击下都被放弃了，那么还有什么理由认定同性恋者们的婚姻不合法呢？他认为现在已经没有这种理由了。既然婚姻的前提变得只涉及当事个人的情感和意愿选择，与父母的意愿和生育不生育后代没有什么本质联系，那么同性恋的婚姻不也满足这些前提吗？此外，前面已经讲过，儒家不承认有超越时空的绝对原则，认为一切皆处于变化之中。那么，儒家在这个加速进步的新时代中还有什么理由来坚持古老的原则而不同意同性婚姻的合法化呢？的确，主张儒家在今天主要是个体的自我实现方式的人们，就找不到反对这种合法化的真实理由了。就本文作者很有限的认识范围所了解的情况是，一些被别人归为儒家、自认是儒家或同情儒家的学者，已经在私下乃至公开场合明确表示，他们同意同性婚姻的合法化。

2. 承认同性婚姻合法会导向承认群婚制；同性恋在现代的个体主义化

经过审慎的思索，我认为儒家尽管在对待同性恋问题上不同于基督教，看待同性恋个人的主要角度是道德人品，但还是不会赞同同性婚姻的合法化。这里正可以看出，当代和未来的儒家不可仅限于心性修养、个人潜能的实现，而不顾及社团人群的生存境况和参与构建此境况的制度。其实制度与心性都是儒家去构造合乎自身需要的生存结构的柱梁，没有对这生存结构的拱合式的领会，两者在当代往往分裂而两伤。

我们先从一些外围的担忧说起。反对同性婚姻合法化的首席法官罗伯兹（C. J. Roberts）在他的说明（II-B-3）中论证道：如果同意同性婚姻合法，那么就没有理由不同意一夫多妻、一妻多夫乃至群婚是合法的，因为从现行的一夫一妻的异性婚姻扩展到同性婚姻的跨度，明显地大于从一夫一妻婚姻扩展到（比如）一夫多妻，因为后者毕竟在相当一些民族的婚姻史上出现过，甚至现在还在某些族群中存留。如果数千年来婚姻是男女的结合以便更好地生育后代的意义都可以改变，那么这单薄的"婚姻由两个人结合而成"的规矩就是守不住的教条了。假设三个人、四个人或多个人出于他们自认为的个人爱情而结合，并申请结婚，已经批准同性婚姻合法的法官们有什么理由来阻止呢？这是一个从形式上发动的很有力的反对理由。如果肯尼迪为首的法官们认为群婚也可以批准，那么他们好像也很重视的人类婚姻就差不多要走向灭亡了，因为这离乱交只有半步之遥。那时的"婚姻"，也就只是为了得到法规上给予的一些好处而已。更有甚者，人兽婚姻是否也可以呢？如果一个人真心爱他/她的狗、马、猪等等，是否也可以与之结婚呢？他们似乎也没碍别人的事呀，他们没有法律的保护也会遇到许多麻烦呀。既然婚姻中的"男女"界限可以突破，那么凭什么必将婚姻限于现代智人而不扩展到哺乳类呢？

儒家会如何看待同性婚姻的合法化？

儒家在历史上没有主张基督教那样的充分对象化的硬性一夫一妻，而是考虑到阴阳相交中隐含的不确定性和产生后代的需要，主张柔性的一夫一妻制，即一夫一妻基础上的可补充形态，比如为了得到后代而纳妾，但儒家绝不会同意群婚一类的淆乱阴阳的乱伦之举。同性婚姻不是群婚，但仅仅因为它突破了男女阴阳的界限而为群婚打开门径，儒家也不会同意让它合法化。同性恋者的结合可以在现代法律中做某种的安排，给予它以某种有限的合法地位，便于当事人与现代体制打交道，但从性质上一定要有别于正式婚姻。

儒家是保存极古之义而又极求新意的思想和人生追求。说它极古，是因为儒家的中枢或根本——亲亲而仁——超出了文明时代，可回溯到占人类历史百分之九十九的打猎-采集为生的远古时期，那时家庭是人类所有制度的不二原型。而世界其他大宗教，都是文明或国家出现后的产物，没有一个是以人类家庭或亲子关系为根基和归宿的。说它求新，是因为它从家庭关系，无论是夫妇还是亲子关系之中，看出其阴阳时间的原发生性，所以《礼记·大学》开篇的"亲民"又可理解为"新民"。这不仅是因为"亲"与"新"有字象与词源的联系，而且它们在儒家视野中更有意思上的内在相关：亲则新矣，新亦不离其亲也。如果威尔逊说的远古时期的同性恋者们有助于家庭抚养后代是真的，那么儒家当然不会反对同性恋者的少量存在。如上所论，儒家在历史上也的确对同性恋保持这种有限度的宽容态度，对于为家庭和国家做出贡献者也予以公正评价。但是，现代受个体主义塑造的同性恋也是这样吗？好像不是了。他/她们似乎是以满足个人的性要求或爱情要求而结合的，很少听说过他/她们帮助亲属或自有家庭的爱人带孩子的事情。尤其是，今后他们有法律的保证来自行建立家庭，就更不会去帮忙带别人养育的孩子了。如果他们要养孩子，就会自己抱养。换句话说，由于同性婚姻的合法化，同性恋者养孩子的功能就会从边缘的、辅助式的转变为自主导式的了。其中的弊端，简言之就是，以前的养育是在一个真实家庭中进行，所以来自同性恋者的帮助，对于那些急需帮助的家庭而言，不但无大害，反倒可能有更多的收益。但现在和将来，同性恋者养育孩子将在一个儒家视为是非真实的家庭中实行，后果也自然会不同。由此亦可见得，对同性恋现象持有限的宽容态度与赞成同性婚姻合法化完全不是一回事。

3. 同性婚姻会伤害什么人？

穆勒在《论自由》中提出个人自由不受国家和社会干预的原则时，只承认一个限制性条件，即此自由如果对别人的自由和利益构成了侵害，则不属于此原则统辖。比如人有表达自己情感或任何想法的自由，但如果一个人在戏院人满的当口，随意在里边大叫一声"着火了！"，那么由于它可能会引起别人的伤亡，所以就不能享受到不受法律干预的自由。在我们这个人与人、人与自然的相互影响急剧增加的时代，同性婚姻的合法设立会不会影响或伤害到其他人呢？它是在旷野里的还是在人们群集陶醉时的一声"着火了！"的呼喊呢？

从儒家的角度看来，这种婚姻及其合法化首先会或可能会伤害当事人的父母或祖父母。希望自己的家庭延续下去，包括自己和先人的血脉（现在叫基因及其表达类型）传递下去，是一种可被广泛观察到的人类事实。尽管由于近现代西方兴起的个人主义和极端自由主义的影响，这种人类本能已经受到当代文化的侵蚀，但它还有相当影响，并且在未来也有可能反弹回来。这也是儒家讲的"不孝有三，无后为大"（《孟子·离娄上》）的人类学表现。美国最高法院在此问题上争论的两方都认识到婚姻对于人类的极端重要性，而首席法官罗伯兹在说明（I-A）中通过引用各种文献，包括《韦伯字典》，令人信服地表明数千年的人类婚姻都旨在成功地养育后代、传承种族。如果情况毕竟是这样的话，那么将同性恋加以固化的同性婚姻就会让父母、祖父母感到他们人生最核心的一个希望落空，由此受到极大伤害。就是当事人的身边亲属，如兄弟姐妹、姑姑姨妈等，也会悲哀。虽然这些同性结合体可以收养孩子，但那并不能满足前辈对亲生后代的期望。由此可见，缔结什么样的婚姻或建立什么样的家庭，的确不只是当事两人的事情。亚里士多德认为人是"政治［译作'城邦'更准确］动物"（亚里士多德《政治学》，1253：3）[1]，首先是城邦和家庭的成员；人要是离开了这些原本的社团关联，"他如果不是一只野兽，那就是一位神祇"（亚里士多德《政治学》，1253：28）。社会生物学和相当一些理论都将人视为社会化动物，而在儒家看来，这社会化首先扎根于家庭化里。因此，同性婚姻及其合法化对于当事人父母的伤害是不能被忽略的真实伤害，它是人类成家而居的根本情势中的一声"着火了！"。

其次，这种婚姻合法化会伤害到被其收养的孩子们。根据前面的陈述可知，现在的一般共识是同性恋既有先天的基因原因，也有后天环境诱发的原因，不然建构派学说就完全无意义了。这也就意味着，孩子们自小在异性恋家庭和同性恋结合体中成长，对他们中的一些人未来的性取向和其他一些性格特征应该会有重要影响，而这些影响可能不利于他们融入主流社会。这是在情理之中的大事实。至于赞同同性婚姻合法化的人引用的一些调查，据说可以表明同性恋结合所收养孩子的性取向与异性家庭没有明显不同，当然是一个有利于批准同性婚姻的根据；但我们以前也看到过，这种社会调查的准确性有时是有局限的，比

---

[1] 亚里士多德：《政治学》，吴寿彭译，北京：商务印书馆，2009年。正文括弧内给出的是边页码。

如限于调查的时间、文化和范围的局限,乃至调查者本人的思想倾向和解读能力,它的有效性在另外的环境中会大打折扣。所以,这种调查还应该在更多样的环境和更长久的时间中由各种思想倾向的学者来实行。无论如何,至今它还只是个小事实,不足以抹杀情理中的大事实。此外,还应该考虑到这样一个因素,即当代人类家庭,特别是在美国和欧洲的家庭已经大不同于传统意义上的家庭了。在儒家看来,这种缩小了的、相当不稳定和相当有问题——无论是家庭关系紊乱、道德教育缺失的问题,还是缺少爷奶叔舅、兄弟姐妹的融洽关系的问题——的家庭已经不是健全的家庭形态了。所以,只拿同性恋者带孩子的数据与这些家庭带出的孩子的数据比较,而不与更健全家庭比如历史上正常时代和环境中的家庭数据或非西方社会的家庭数据加以比较,就不太能说明问题了。

再次,将同性婚姻合法化相当于为这种婚姻正名,使其获得各种法律和经济上的方便和利益,这实际上是在为这种婚姻做某种宣传,会产生鼓励效应,引导某些不必然是同性恋的人或徘徊中的人走上此路,从而可能为相关家庭带来问题和痛苦。

结语

罗伯兹法官在他的说明(I-A)中写道:"人类的种群

必须靠生育孩子来延续。生育孩子则要通过一男一女的性关系来出现。当性关系导致怀上了一个孩子,一般说来,如果那个孩子的母亲和父亲在一起生活而不是分离,对于这个孩子的前途来说是更好的。因此,为了造福于孩子们和社会,那导致生育孩子的性关系应该只发生于能够持续结合的一个男人和一个女人之间。"他说的几乎都是大实话,如果做非对象化的调整——比如"一个男人和一个女人",除了字面上的意思外,也可以理解为"一个男人及他代表的家庭和一个女人及她代表的家庭",乃至某些特殊情形中的必要调整——就几乎正是我们前面讲到的儒家基本思想方式的一种表现。《周易》曰:"一阴一阳[造成生生不已]之谓道,继之者善也,成之者性也。"(《周易·系辞上》)它的基本意思是:一阴一阳的互补对生是世界万物的真理和终极实在。能够体现这个真实的存在方式,比如男女结为夫妻生育抚养孩子,就是善美;能够成就此真理实在的人类意识和生存结构,就是人类和世界的本性。

所以,虽然儒家不承认超时间空间的形而上学和永恒原则,要"与时偕行"(《周易·乾·文言》),但不会放弃使自己具有这种哲理见地并因此而能够与时偕行的阴阳乾坤的发生机制,当然也不会放弃这种机制在人间的正宗体现,即男女–夫妇–亲子–礼乐–正治的人生、道德和政治的生发结构。它们不是教条,而是世代血脉奔流构造出的活的时–空–间发生机制,无可逃避亦无法放弃。此

儒家会如何看待同性婚姻的合法化？

所谓"有天地，然后有万物。有万物，然后有男女。有男女，然后有夫妇。有夫妇，然后有父子。有父子，然后有君臣。……夫妇之道，不可以不久也，故受之以恒"（《周易·序卦》）。这其中的名词都不作为观念对象来看待，而只应在阴阳对生的意义上来理解。因此，当它们表现为时空中的具体对象关系时，都可以调整，没有固定的死规定。例如"男女"的畸变形态也可以包含同性恋者，不可视之为怪物而歧视；"父子"当然包括"母女"；"君臣"也可以变样为任何合理的社群治理方式；等等。但这个互补对生的生发结构却是不可抹去的，让种群和人类灭亡的机制是不能采纳的，此所谓"天［即天地的阴阳结构］不变，道亦不变"。其"不变"正是以"变易""更化"为前提，是变易包含、预设和一再造就、返回的原样式。就此而言，儒家会在今天的形势中同意国家以某种方式给予同性恋者们的结合以适当的法律地位，尽量减少她/他们现实生活中遭遇到的法规上的不便，但不会同意将这种地位上升为合法婚姻，因为那意味着向根本的发生结构挑战。毕竟，"婚姻"作为阴阳、天地、乾坤在人间的直接体现，实在是太重要了，既是"礼之本"，又是"政之本"，所以很对不起，同性恋的朋友们，我们实在无法允许它在现代礼制或法律的框架中被含糊掉，尽管它在这框架中已经衰落得不成样子了。

以上的讨论和判断是否适应于美国及整个西方社会

呢？要知道，西方人现在身处的社会环境和法律结构与儒家盛行的中国古代乃至还有少许儒家影响的现代中国，是大大不同的。是的，就现实角度说来，无法期待以上的讨论和结论被当前西方的大多数人理解和接受。在眼下这个个体主义－自由主义盛行的时代，已经有二十多个国家——几乎全是西方国家或西方的前殖民地国家——从法律上承认了同性婚姻。而且这个势头还在不断加强，因为我们正处在婚姻基础个体化的多米诺骨牌效应中。一旦承认婚姻只涉及当事者的个人情感和意愿，与其他人无关——这实际上也是中国现行婚姻法的基调——那么同性婚姻的合法化就会得理不让人了，而且还势必引出更多的后果。但是，就儒家植根于现代智人在十几万年乃至二十几万年中形成的家庭化人性而言，这里的阐发和论证对于西方人也不能说是不相干的，因为他们毕竟还没有进化到后人类。而且，上面第三节的后两部分提出的反对同性婚姻合法化的论据，即便在西方的当代语境中也还是有论争力的。就此而言，我们期待那些服膺于西方个体主义和自由主义的人们也来参与这个讨论，看看他们如何反驳以上的论证，为的是在争执中破掉偏见或不必要的执着，以求得各种人群、各个民族及人类的福祉。

谁养老才合理？

北大的一对教授夫妇住进养老院，引起一些议论。这两位老人无儿女，年老需人照顾，时下雇个合用的家政人员又不容易，社区养老服务可能也不那么到位，其他亲属也指不上，就做了这样的选择。现代社会里，这是再正常不过的事了。但有些人还是有失落感，觉得一位著名学者住进养老院似乎有点不对劲，可我们站在现代老人的立场上想一想，好像做这个选择是完全合理的。而且，就是有儿女的老人，现今也越来越多地选择养老院来度晚年了，你说哪里不正常了？儿女们都忙，有他们正在打拼的事业和小家庭，且平常大多就不与父母住在一起，让他们回来养老，那岂不是赶着鸭子上架，最后很可能两边都难受。君不见婆婆和儿媳妇现在已经更像天敌了？能出点养老费就已经很好了，用自己的劳动所得换取别人的养老服务嘛。

理论家们还会论证，社会进步的一个标志就是传统的家庭功能逐步由社会来承担，从子女养老转变到社会化养老，就像从农村生活转移到城市生活，不但是大势所趋，而且有其内在合理性。看人家美国和欧洲，不是早就这样啦？个人的独立自主比什么都重要。康有为一百多年前就在《大同书》里讲了，人类的进步，要从中国式的大家庭进到欧美的小家庭，再由这小家庭进到无家庭、全由社会来养后代及老人的大同社会。由此看来，传统的子女养老已经落后（中国起码早就进入小家庭时代了），正在消失，由养老院养老怎么看都有理。可是，中国有些人包括笔者还是跟不上这个时代精神，还是要对子女送父母进养老院，甚至一对老教授夫妇选择进养老院有些想法。

那些理论家们说得对吗？作为一种对现实的认定式辩护，是对的。人类正沿着西方的道路在进步着，最后的目标好像就是没有家庭——起码是没有我们认为的家庭——的社会。近些年乃至最近，又有了一项进步，欧洲一些国家和美国已经从法律上承认同性婚姻了。但从人类的生活情理上讲，这种无须养老的进步好像也是一种退步，即从人退回到前人类的状态了。20世纪人类学、灵长类学等学科的研究表明，人类是已知动物世界中唯一能明显养老的物种。离我们最近的灵长类表兄黑猩猩，与我们的基因只差百分之一点几，能使用初级的工具（珍尼·古多尔的这个发现曾震动了全球学术界），能学会键盘语言，有在镜子前的自身意识，能玩"黑猩猩的政治"，但就是不能养老。古多尔在野外长期观察的一头母黑猩猩弗洛，成功地养育了多个子女，但当她年老急需帮助时，子女们无暇顾及，最后老弗洛死在河边，无猩理睬。这种无孝的行为方式从进化的角度是合理的，正在养育自己儿女的新一代父母如果将宝贵的精力和资源花在供养已经丧失健全生育功能的老一代身上，对整个种群的繁衍不利。但是，在人类这里，情况居然出现了反转，古人类不顾老人的无用而去养老，使得那些过了生育期很久的人还能活着。于是，人们才发现老人也有储藏有用信息的功用。不过，到了我们这个技术飞速进步的时代，老年人的记忆好像又无用了。

我们现在就从人能直接理解的道理上讨论一下，子女该不该养老呢？照理说，去养那些养过你的老人是合理的，不去养那生我养我的人让我良心不安，这似乎还不只是中华文化这么主张，其他文化和民族的古老良知也都是这么看的。甚至西方文化之源的古希腊和希伯来的经典，如《工作与时日》和《旧约》，也认为不孝敬老人是恶行。所以，从这个角度看，养老不只是对老人重要，对于子女成为一个健全的人也是不可少的。老人从养老院得不到的首先是子女亲情和共同记忆环绕的特殊照顾，而子女从不养老得到的是什么呢？或许是人生内里的苍白吧。

到了现代，西方个体主义——它也受到过基督新教的影响——大行其道，加上社会化和新技术的盛行，使得西方文化首先走上子女基本不养老的道路。哲学和伦理学的学者们（康德带头）还要为不养老辩护。他们说，父母没有得到子女同意就生下了他/她们，于是就有义务将子女养大到能独立；从这时起，大家就谁也不欠谁了。追随这种思路的鲁迅就说：父母由于性欲冲动怀上孩子，你就不仅必须好好将他/她们养大，而且要明白你这么做只是还债，对子女无恩可言，也不要想子女回报。这笔账算得对吗？如果这样，除了利他主义者外，好像没有人还会去不经子女同意就生下他/她们吧。的确，在相信这么算账合理的人里边，生孩子的人是越来越少了，同时也能满足性欲。但是，如果一个人在没能征得你同意——那时你外出了——的情况下，从你家的大火中救出了你的孩子们，你会认定自己不欠这个人的情，从而有道德义务以力所能及的方式回报吗？生养儿女的恩情是不是与之相似，甚至比这个还大呢？

在现代这个个体主义和体制主义——它们相互需要——同样盛行的社会中，养老是不是有多种形式呢？当然，那实在是没有办法的事情。常回家看看是养老，过节和周末给父母打电话、网上通视频也算养老；至于为父母雇家政人员、网上为父母购物、替父母付养老院的费用，就更是实质性的养老了。甚至你事业有成，对父母也是一种精神养老。"久病床前无孝子"，要一个现代人事必躬亲，常年为父母洗衣做饭、煎药煮汤，是不是太过分了？的确还有这样的孝子孝女，但今天，在"孝治天下"早已被新文化批臭、被全球化埋葬的当代中国，这种亲身养老只是一种选择，而且是不常见的选择了。

我们甚至可以眺望到更加脱身体化的新养老方式，因为商业化的高科技总能配合社会进步的。轮椅、电梯、智能煮饭电器、电子测血压算什么，能够替儿女养老的机器人好像也在接近我们。可以设想，这种未来的机器人比雇来的活人更可靠、准确、有效率、绝对服从，甚至可以输入子女的语调、性格和记忆——当然是那些可爱的，引得老人开心。那时，如果子女能替父母、祖父母搞来这样的智能化机器人替身，就更是用创新来养老的模范了。可是，那机器人想必很昂贵，而且越是复杂的高科技，维护起来就越麻烦，从长远看就越是脆弱。也就是说，你对它越是放心舒心，一旦出事，就越是危险。这机器人替身的智能太低，只会重复那几个记忆，讲那几个故事，会让老人厌倦；可智能高到能自主学习，总能创造些新玩意儿让老人高兴，它对老人的态度说不定就会生变。万一它得了辩证法，从奴隶变成主人怎么办？更重要的是，这样的养老从形式上让老人离子女更近，可在实质的意义上却离得更远。但是，谁又能否认它在现代体制中的合理性呢？它不过是养老院的科技提升或"更高更快更强"嘛。

可问题还在于，如果如此养老可以，那么如此养儿不也可以吗？按康有为和其他进步主义者的逻辑，社会完全应该摆脱这些啰唆难缠的亲子关系，让"养"变得全面社会化和高科技化。孩子一生下来就送育婴院，根本不知父母为谁，"父母"也不用操心儿女是谁，男女只是满足性欲和按计划甚至择优录取地生孩子就是了，其余时间统统用来创新发展和开发自身潜能，追求个体幸福。将来科技更高了，甚至生孩子这种让女人难受、遗传问题难绝的事儿也可免了，就由人类再生产科研所和工厂来优化生育，不但能生产出更健康漂亮的新人，而且还要对现有人类——它形成于石器时代，按一些科学家的眼光已经落后了——进行基因层次改造，再升级换代，创造出"后人类"，也就是比我们这种人更高级的智能物种。那时，这超人物种就没有养老问题了，因为它们被设计和改进得就不会衰老，摆脱了我们这种现代智人的一系列缺陷。好思考的读者们，你们对这个人类灭亡或降级为现在黑猩猩地位的前景欢欣鼓舞吗？如果回答是肯定的，那么就沿着现在这条进步无止境、科技永创新的道路走下去吧；如果不喜欢这个前景，那么你觉得哪里是该收手或不再进步的界限呢？

以前的人老了，就在家庭内或子女亲属的照顾下养老，在亲人环绕中离去；现在的人老了，就越来越趋向在养老院养老，临终关怀送终；将来的人老了，可能要在越来越高的高科技服务或智能机器人手中养老和去世。再后来，"人"就不会老了；再再后来，就没有人了，只有……

亲子与儒家经典

亲子是最根本的人类关系。黑猩猩与人类只有百分之一点几的基因差异,但它们的亲子关系基本上限于哺育期,而人类的亲子关系和亲属认同是终生的。黑猩猩只有母亲的慈爱,无孝爱,而人却既有父母之慈,又有子女之孝。

人之所以会出现完整的亲子之爱和家庭,首先是因为人类直立行走造就的骨骼结构,限制了产妇产道的宽度,而双手使用工具又促使大脑及头颅扩大,逼得人类的婴儿必须在相比于其他哺乳类是极度不成熟时出生。由此导致的养育子女的艰险迫使人类只有靠更完整的家庭、亲子亲属关系和更深长的时间意识来维持生存。

在几百万年的人族史中,或起码在二十万年的现代智人(我们这种人)史中,以亲子关系为核心的人性形成了。我们最深切的爱意、人生意义和道德意识只能首先在家中形成，整个社会结构也是家结构的放大。到农业、文明、国家出现后，家的唯一性才开始被动摇，异化的机构们才在家外建立更高的权威。但这七八千年的文明史和限制家的文化（如美国文化），并不足以改变我们的家本性。

儒家是世界上的大哲学、大宗教中唯一自觉地以我们的亲子本性或家本性为源头的学说。它找到了一种"修身、齐家、治国、平天下"的方式，将前文明时代形成的人-家本性，调适得可以在农业文明时代也得到应时的表达，因而曾获得极大成功。它的经典鲜明地体现了这个特点。四书皆视亲亲（亲人之间相互亲爱）和孝悌为仁德之根本、国家天下之根本。"孝弟也者，其为仁之本与！"（《论语·学而》）"亲亲，仁也。"（《孟子·告子下》《孟子·尽心上》）"君子不出家而成教于国。"（《大学》）"君子之道，造端乎夫妇。……武王、周公，其达孝矣乎！……仁者人也，亲亲为大。"（《中庸》）

五经也是如此。比如《尚书·尧典》记载，尧因为舜对父母、弟弟有不寻常的孝行和友爱，就将他从低层百姓中选拔出来，经过测试，把至高的权力传给了他。《诗》言志，也就是表达人最深切的情感愿望，其中大多表达了人要建立家、亲爱家、传承家、兴旺家的人性之志。从《国风》开头的《周南》《召南》诸诗篇就可看出此志意是何等无邪美好。《关雎》歌颂男女相爱而成夫妇，孔子赞其"乐而不淫，哀而不伤"(《论语·八佾》)。《桃夭》歌颂婚姻家庭："桃之夭夭，灼灼其华。之子于归，宜其室家。"等等。《礼》里记载孔子的话："仁人之事亲也如事天，事天如事亲。"(《礼记·哀公问》)它将事奉父母亲等同于事奉天道，而事奉天道也必从事奉父母亲做起。《易》以乾坤为门户，乾阳坤阴。"乾，天也，故称乎父；坤，地也，故称乎母；震一索而得男，故谓之长男；巽一索而得女，故谓之长女；……"(《周易·说卦》)《易》就这样将天地阴阳与父母子女贯通，于是"阴阳合德而刚柔有体，以体天地之撰，以通神明之德"(《周易·系辞下》)。《春秋》的微言中有大义，彰显王道与天道的交感合一，其要害之一是"敬长老，亲亲而尊尊"(《春秋繁露·王道》)。邪恶地损害此亲亲孝道和爱国忠道者，必复仇以恢复正义："《春秋》之义，臣不讨[弑君之]贼，非臣也；子不复[杀父之]仇，非子也。"(同上)因此也只有儒家会有《孝经》，历朝大多要"以孝治天下"。

儒家经典就这样明晓至极地确认了家人之爱的源头地位，特别看重孝爱的人性实现、道德教化和政治建基的作用。就此而言，儒家不同于任何其他宗教，特别是西方宗教，不以超越人间家庭的圣父圣子及严密教会为信仰之所在，而是就从家人之爱和亲人伦理发生出德行、礼乐、制度和信仰。祖先是神圣的，可配祀神灵，而家庭是一个包括先人、后代和亲族的整体，具有瞻前顾后的深长历史视野。在这个自发又充满神圣天意的生命时间和家园空间里，人们诗意地、至诚地存在，尽性立命而达至不朽。"耕-读-传-家"精练地表现出儒家的生存之道。为了在变化不测的历史长河中传承这个家，需要农耕这种利于家庭稳定繁荣的经济方式；而为了使家庭实现出其亲爱本性和伦常秩序，又需要读经或圣贤的教化。

由此看来，父母亲教子女读经，或父母与子女共读儒家经典，是世上最合理之事，也是最能和谐共振的亲亲过程。读经的要旨首先还不是学习文史知识和外在的行为规范，而是深化和焕发人天然就有的家人本性，孟子称之为"良知""良能"："孩提之童无不知爱其亲者，及其长也，无不知敬其兄也。亲亲，仁也；敬长，义也。无他［只顺此良能良知而不他就］，［就会使它们］达之天下也。"(《孟子·尽心上》)儒家经典如果离开了亲子之亲亲关系，则失其根源而枯槁，成为学问研究的对象、猎取名声的资本。世界所有经典中，只有儒家经典与亲子如此亲亲不舍。《新约·马太福音》记道："有人告诉他［耶稣］说：'看哪，你母亲和你弟兄站在外边，要与你说话。'他却回答那人说：'谁是我的母亲？谁是我的弟兄？'就伸手指着门徒说：'看哪，我的母亲，我的弟兄。凡遵行我天父旨意的人，就是我的弟兄、姐妹和母亲了。'"读这类经典，或主张有比亲亲之爱更高级、更

"光辉"的书，越读则真实的亲子关系越淡薄。

总之，亲子是源，经典也是源，而儒家经典以人类亲子之爱为源，人类亲子也以儒家经典为亲子关系的健全之源。亲子共读儒家经典，则经典得其亲根，越读越亲切感人；而亲子得经典滋养启迪，也就越学越亲亲而仁。不从亲亲读起，则此类经典不成其为经；不选儒经来读，则亲爱在人生风浪中或不再亲。

父母亲教子女读经，实际上父母也同时口诵心惟地读之，于是子女读经也就同时成就父母读经。读之愈深，父母愈成其为父母，子女愈成其为子女。这就叫亲子读经，亲亲而易明此经，经经（即把经当作经）而成就亲亲，于是亲愈亲，经愈经。

如今社会，亲渐不亲，经渐不经。家飘摇，沦为一种正在破败的风俗习惯，不再是开发完整人性的摇篮；经失教，蜕化为文学、历史、哲学的文献，不再是经纬人生和世界的经典。而亲子读经就是这险风恶浪中的一艘方舟，承载着过去存活的思想物种，驶向那难于逆料但还是藏有希望的未来。

本书所用文献

甲．中文文献

《柏拉图全集》，柏拉图著，王晓朝译，北京：人民出版社，2003年。

《纯粹理性批判》(简称《纯批》)，康德著，邓晓芒译，北京：人民出版社，2004年。

《大自然的猎人——生物学家威尔逊自传》，爱德华·威尔逊著，杨玉龄译，上海：上海科学技术出版社，2000年。

《第六次科技革命的机遇与对策》，何传启著，载于《第六次科技革命的战略机遇》，何传启主编，北京：科学出版社，2011年。

《第三种猩猩》，杰拉德·戴蒙德著，王道还译，海口：海南出版社，2004年。

《工作与时日·神谱》,赫西俄德著,张竹明、蒋平译,北京:商务印书馆,1997年。

《古代社会》上册,路易斯·亨利·摩尔根著,杨东莼等译,北京:商务印书馆,1997年。

《古希腊悲剧经典》上卷(简称《悲剧经典》),罗念生译,北京:作家出版社,1998年。

《古希腊哲学》,苗力田主编,北京:中国人民大学出版社,1989/1996年。

《郭店楚简校读记》,李零著,北京:北京大学出版社,2002年。

《海德格尔选集》,海德格尔著,孙周兴编译,上海:上海三联书店,1996年。

《海德格尔传》,张祥龙著,北京:商务印书馆,2007年。

《和黑猩猩在一起》,珍·古道尔(即珍尼·古多尔,Jane Goodall)著,秦薇、卢伟译,成都:四川人民出版社,2006年。

《黑猩猩的政治——猿类社会中的权力与性》,弗朗斯·德瓦尔著,赵芊里译,上海:上海译文出版社,2009年(原书初版于1982年)。

《黑猩猩在召唤》,珍尼·古多尔著,刘后一、张锋译,北京:科学出版社,1980年。

《家庭史》,安德烈·比尔基埃等主编,袁树仁等译,北京:生活·读书·新知三联书店,1998年。

《康德论亲子关系及其问题》，见张祥龙：《德国哲学、德国文化与中国哲理》，上海：上海外语教育出版社，2012年。

《康德与形而上学疑难》（简称《康德书》），海德格尔著，王庆节译，上海：上海译文出版社，2011年。

《林中路》，马丁·海德格尔著，孙周兴译，上海：上海世纪出版集团，2008年。

《罗汝芳集（上）》，方祖猷、梁一群、李庆龙等编校整理，南京：凤凰出版社，2007年。

《内时间意识现象学》（简称《内时间》），胡塞尔著，倪梁康译，北京：商务印书馆，2010年。

《青年杂志》第一卷第一号，上海：群益书社，1915年（民国四年）9月15日。此刊从1916年9月1日出版的第二卷起，易名为《新青年》。

《人类婚姻史》，威斯特马克著，李彬、李毅夫、欧阳觉亚译，北京：商务印书馆，2002年。

《社会生物学——新的综合》（简称《社会生物学》），爱德华·威尔逊著，北京：北京理工大学出版社，2008年。

《〈时代〉周刊梳理人类避孕史，时间跨度长，方法千奇百怪》，见 http://www.guancha.cn/Science/2015_02_05_308696.shtml。

《希腊哲学史》第一卷，汪子嵩、范明生、陈村富、姚介厚著，北京：人民出版社，1988年。

《孝意识的时间分析》，张祥龙撰，载《北京大学学报》2006年第1期，第14～24页。

《新旧约全书》(《圣经》和合本)。

《政治学》，亚里士多德著，吴寿彭译，北京：商务印书馆，2009年。

《"性别"在中西哲学里的地位及其思想后果》(首刊于2002年)，见张祥龙：《思想避难：全球化中的中国古代哲理》，北京：北京大学出版社，2007年，第213～222页。

《性现象——关于性别的"小"差异》(简称《性现象》)，海因里希·灿克尔著，张云毅译，北京：商务印书馆，2001年。

《中国近代启蒙思潮》中卷(简称《启蒙思潮》)，丁守和主编，北京：社会科学文献出版社，1999年。

《中国古代孝道资料选编》，骆承烈编，济南：山东大学出版社，2003年。

乙．外文文献

Annual Edition: Anthropology 2002/2003 (Twenty-fifth edition) (简称 "*Anthropology 2002/2003*"), ed. Elvio Angelon, Guilford, Connecticut: McGraw-Hill Dushkin,

2002. Meredith F. Small: "Our Babies, Ourselves".

Anthropology: The Exploration of Human Diversity(twelfth edition)（简称"*Anthropology*"）, by Conrad P. Kottak, McGraw-Hill Companies（中国人民大学出版社与McGraw-Hill出版[亚洲]公司合作出版）, 2008.

Chimpanzee Cultures, ed. R. W. Wrangham, W. C. McGrew, F. B. M. de Waal, and P. G. Heltne, Cambridge & London: Harvard University Press, 1996.

Concepts in Biology（《生物学原理》[英文影印版]）, by Eldon D. Enger & Frederick C. Ross，北京：科学出版社，2004年。

Critical Perspectives on Harry Potter（简称"*Critical Perspectives*"）, ed. Elizabeth E. Heilman, New York: Routledge, 2009.

Einführung in die Metaphysik（简称"EM"）, by M. Heidegger, Tübingen: Max Niemeyer Verlag, 1987.

The Emergence of Humans: An Exploration of the Evolutionary Timeline, by Patricia J. Ash & David Robinson, West Sussex, UK: Wiley-Blackwell, 2010.

The End of Kinship: "Measure for Measure", Incest, and the Ideal of Universal Siblinghood（简称"*End of Kinship*"）, by Marc Shell, Baltimore and London: The Johns Hopkins University Press, 1995（1988, Stanford University Press）.

Fear and Trembling—Dialectical Lyric by Johannes de Silentio (简称"《恐惧与颤栗》"), by Søren Kierkegaard, trans. Alastair Hannay, Middlesex, New York, etc.: Penguin Books, 1985.

Gesamtausgabe (《海德格尔全集》,简称"GA"), Frankfurt a. M.: V. Klostermann Verlag, seit 1975.

Handbook of Paleoanthropology, Vol.II, *Primate Evolution and Human Origins* (简称"*Primate Evolution*"), ed. Winfried Henke & Ian Tattersall, Berlin, Heidelberg, New York: Springer-Verlag, 2007.

Harry Potter Series, Seven books in total (beginning with *Harry Potter and the Sorcerer's Stone*), by J. K. Rowling, New York: Arthur A. Levine Books, 1998 to 2007.

Harry Potter's World Wide Influence, ed. Diana Patterson, Newcastle upon Tyne: Cambridge Scholar Publishing, 2009.

Heidegger-Handbuch: Leben-Werk-Wirkung, ed. D. Thomä, K. Meyer and H. B. Schmid, Stuttgart · Weimar: Metzler, 2003.

How Humans Evolved (fifth edition), by Robert Blyd & Joan B. Silk, Los Angeles: W. W. Norton, 2009.

Inbreeding, Incest, and the Incest Taboo: The State of Knowledge at the Turn of the Century (简称"*Inbreeding*"), ed. A. P. Wolf & W. H. Durham, Stanford, California: Stanford

University Press, 2005.

Incest: Origin of the Taboo, by J. H. Turner & A. Maryanski, Boulder, London: Paradigm Publisher, 2005.

Kinship and Behavior in Primates（简称"*Kinship*"）, ed. B. Chapais & C. M. Berman, New York, Oxford: Oxford University Press, 2004.

The Missing Link in Cognition Origins of Self-Reflective Consciousness（简称《缺环》）, ed. H. S. Terrace and J. Metcalfe, Oxford University Press, 2005.

On Human Nature, by Edward O. Wilson, Cambridge & London: Harvard University Press, 1978.

The Politics of Aristotle, by Aristotle, ed. and trans. Ernest Barker, London: Oxford University Press, 1946/1979.

Primates in Perspective, ed. C. J. Campbell, A. Fuentes, etc., New York, Oxford: Oxford University Press, 2007.

Promethean Fire: Reflection on the Origin of Mind, by Charles J. Lumsden & Edward O. Wilson, Cambridge, etc.: Harvard University Press, 1983.

Reading Harry Potter: Critical Essays（简称"*Reading Harry Potter*"）, ed. G. L. Anatol, Westport, CN: Praeger, 2003.

The Sacred Books of China: The Texts of Confucianism (*The Sacred Books of the East*, ed. F. Max Müller, vol.28), trans. by James Legge, Part IV, *The Li Ki*（《礼记》）, XI–XLVI,

Delhi–Varanasi–Patna: Motilal Banarsidass, 1966(1885).

Sein und Zeit（简称《在与时》或"SZ"), by Martin Heidegger, Achtzehnte Auflage, Tübinger: Max Niemeyer Verlag, 2001.

Syllabus of SUPREME COURT OF THE UNITED STATES, No. 14–556. Argued April 28, 2015—Decided June 26, 2015. http://www.supremecourt.gov/opinions/14pdf/14–556_3204.pdf.

Wegmarken（简称"WM"), by M. Heidegger, zweite, erweiterte und durchgesehene Auflage, Frankfurt am Main: V. Klostermann, 1978.

Zur Sache des Denkens, by M. Heidegger, 2., unveränderte Auflage, Tübingen: Max Niemeyer Verlage, 1976.

丙．中国古代文献

《易经》。

《尚书》。

《老子》。

《论语》。

《论语注疏》，〔魏〕何晏注，〔宋〕邢昺疏，朱汉民整理，张岂之审定，北京：北京大学出版社，1999年。

《左传》。

《国语》。